O selo DIALÓGICA da Editora InterSaberes faz referência às publicações que privilegiam uma linguagem na qual o autor dialoga com o leitor por meio de recursos textuais e visuais, o que torna o conteúdo muito mais dinâmico. São livros que criam um ambiente de interação com o leitor – seu universo cultural, social e de elaboração de conhecimentos –, possibilitando um real processo de interlocução para que a comunicação se efetive.

EDITORA
intersaberes

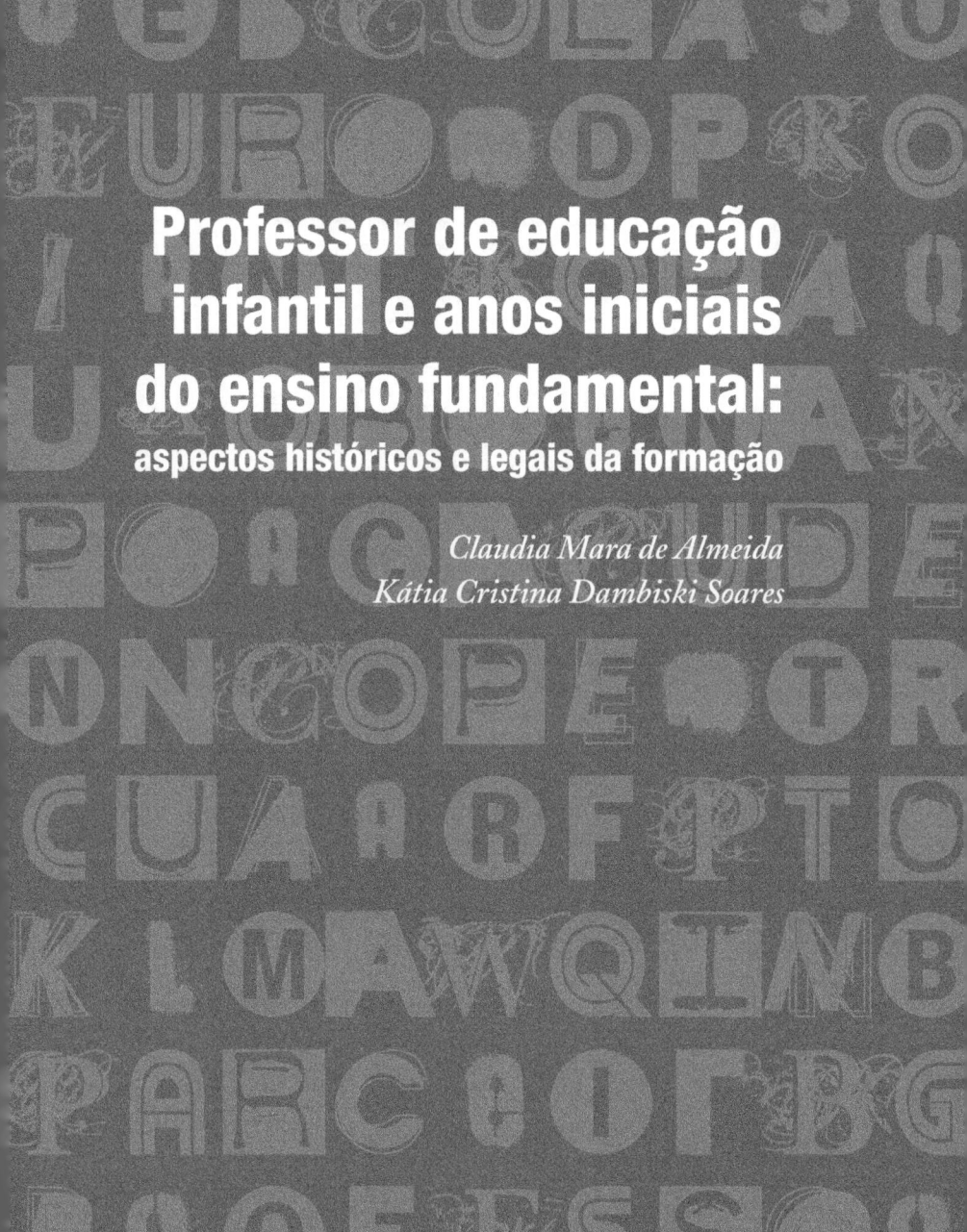

Professor de educação infantil e anos iniciais do ensino fundamental:
aspectos históricos e legais da formação

Claudia Mara de Almeida
Kátia Cristina Dambiski Soares

**EDITORA
intersaberes**

Av. Vicente Machado, 317 – 14º andar
Centro – CEP 80420-010 – Curitiba – PR – Brasil
Fone: (41) 2106-4170
www.intersaberes.com
editora@editoraintersaberes.com.br

Conselho editorial Dr. Ivo José Both (presidente);
Drª Elena Godoy; Dr. Nelson Luís Dias; Dr. Neri dos Santos;
Dr. Ulf Gregor Baranow
Editor-chefe Lindsay Azambuja
Editor-assistente Ariadne Nunes Wenger
Preparação de originais Pamela da Conceição
Capa Sílvio Gabriel Spannenberg
Projeto gráfico Bruno de Oliveira; Sílvio Gabriel Spannenberg
Ilustrações Marcelo Lopes – Estúdio Leite Quente
Ilustração da capa Rafael Mox – Estúdio Leite Quente
Iconografia Danielle Scholtz

Dados Internacionais de Catalogação na Publicação (CIP)
(Câmara Brasileira do Livro, SP, Brasil)

Almeida, Claudia Mara de
   Professor de educação infantil e anos iniciais do ensino fundamental: aspectos históricos e legais da formação/Claudia Mara de Almeida, Kátia Cristina Dambiski Soares. – Curitiba: InterSaberes, 2012. (Série Formação do Professor).

   Bibliografia.
   ISBN 978-85-8212-169-6

1. Educação infantil 2. Educadores – Formação profissional 3. Ensino fundamental I. Soares, Katia Cristina Dambiski. II. Título III. Série.

12-08361   CDD-370.1

Índices para catálogo sistemático:
1. Educação infantil e ensino fundamental: Professores: Aspectos históricos e legais: Educação   370.1

1ª edição 2012.
Foi feito o depósito legal.

Informamos que é de inteira responsabilidade das autoras a emissão de conceitos.

Nenhuma parte desta publicação poderá ser reproduzida por qualquer meio ou forma sem a prévia autorização da Editora InterSaberes.

A violação dos direitos autorais é crime estabelecido na Lei nº 9.610/1998 e punido pelo art. 184 do Código Penal.

SUMÁRIO

Apresentação « 9
Organização didático-pedagógica « 13
Introdução « 19

01 Formação e trabalho docente « 23
Procurando entender o conceito de trabalho « 24
O trabalho docente « 28
A importância dos conhecimentos na formação docente « 36

02 O papel do professor e sua formação em diferentes períodos da história da educação brasileira « 51
As tendências pedagógicas como expressão de diferentes momentos na formação docente « 52

03 A formação inicial dos professores da educação infantil e anos iniciais do ensino fundamental « 95
Orientações legais para a formação inicial de professores « 96
Tendências atuais no campo da formação inicial de professores « 110

04 **A formação continuada dos professores como um aspecto essencial no desenvolvimento profissional docente** « 125

A importância e a necessidade da formação continuada « 126

Os diferentes processos de formação continuada « 129

Algumas tendências no campo da formação continuada de professores « 145

05 **A experiência profissional e a formação docente** « 157

A valorização e o reconhecimento profissional docente « 161

A importância da experiência profissional na formação dos professores « 169

Considerações finais « 179

Referências « 183

Bibliografia comentada « 197

Respostas « 203

Sobre as autoras « 209

Assim como não posso ser professor sem me achar capacitado para ensinar certo e bem os conteúdos de minha disciplina, não posso, por outro lado, reduzir minha prática docente ao puro ensino daqueles conteúdos. Esse é um momento apenas de minha atividade pedagógica. Tão importante quanto ele, o ensino dos conteúdos, é o meu testemunho ético ao ensiná--los. É a decência com que o faço. É a preparação científica revelada sem arrogância, pelo contrário, com humildade. É o respeito jamais negado ao educando, a seu saber de "experiência feito" que busco superar com ele. Tão importante quanto o ensino dos conteúdos é a minha coerência entre o que digo, o que escrevo e o que faço.

Paulo Freire

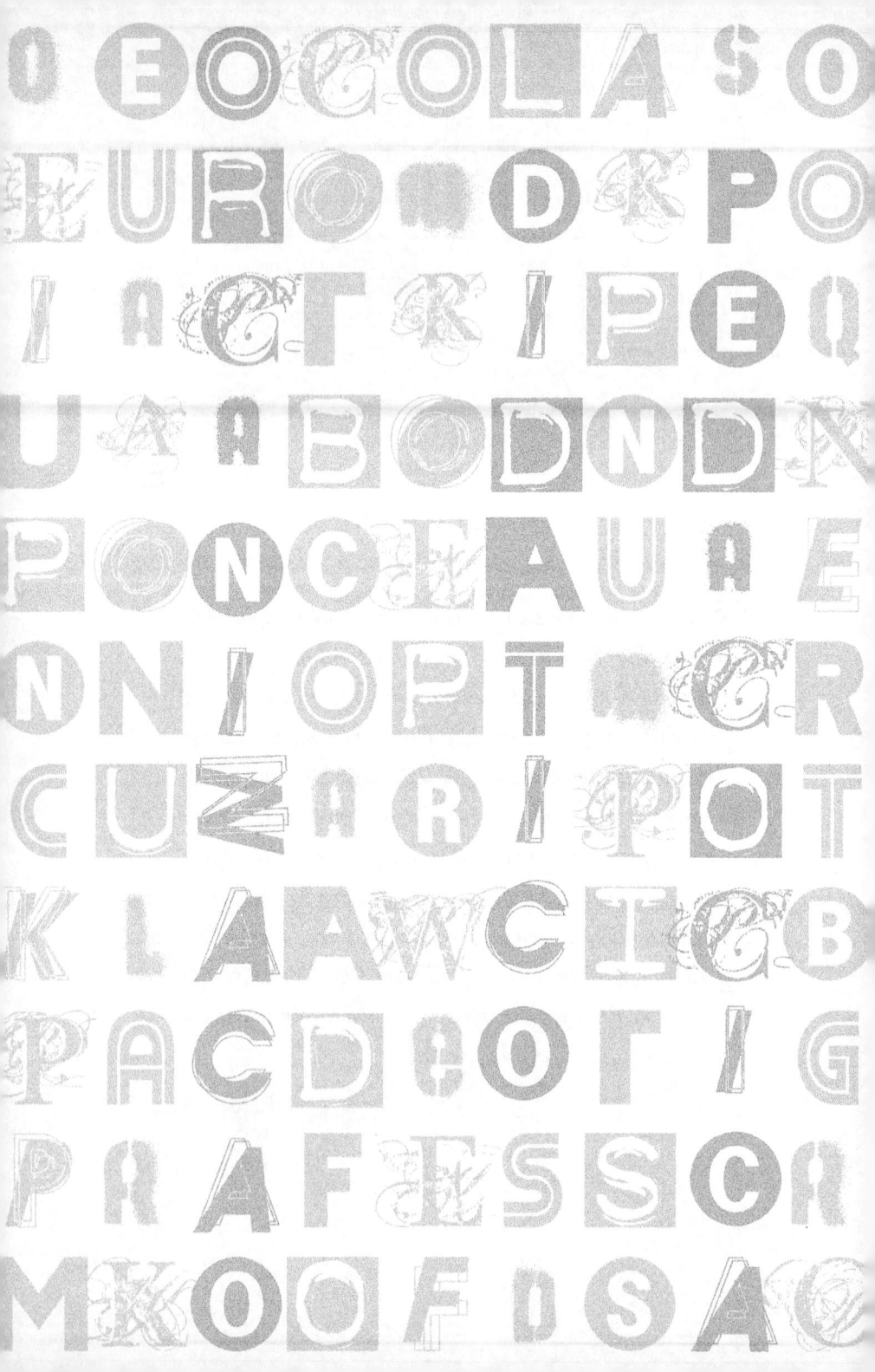

APRESENTAÇÃO

Formação docente. Um tema que com certeza não é novo nas discussões acadêmicas, mas que continua atual e instigante, dada a sua importância na área educacional, importância esta que será o nosso foco ao longo do estudo deste livro.

Para refletirmos sobre a **formação do professor**, precisamos primeiro compreendê-la de forma relacionada à questão do conhecimento na nossa sociedade. Afinal, o **papel do professor** é ensinar, difundir conhecimentos, dialogar, discutir e debater com seus alunos sobre a importância e a necessidade desses conhecimentos no mundo de hoje, entre outros.

Este livro aborda aspectos importantes que fazem parte da formação dos professores, apontando basicamente para a ideia de que um professor que domina os conteúdos e metodologias de ensino e apresenta comprometimento político em relação a sua profissão pode contribuir, por meio de seu trabalho, para o fortalecimento de um projeto de transformação social. Para isso, o livro foi dividido em cinco capítulos.

No primeiro capítulo, intitulado "Formação e trabalho docente", discutimos a concepção de trabalho docente, partindo da definição de trabalho em geral. A partir daí, apresentamos a ideia de trabalho docente relacionada com a questão da produção do conhecimento na nossa sociedade. Assim, a formação é entendida como uma necessidade própria da profissão docente, devido à inserção desta no âmbito dos conhecimentos, das ideias, das crenças, enfim, da cultura.

O segundo capítulo tem o título "O papel do professor e sua formação em diferentes períodos da história da educação brasileira". Nele buscamos entender como se constituiu historicamente a profissão do professor, para melhor compreendermos o seu papel nos dias de hoje e sua formação em relação às diferentes tendências pedagógicas. Assim, veremos como, em cada determinado momento histórico, há um ideal de homem a ser formado e, portanto, uma proposta pedagógica adequada àquela sociedade, seus valores, seus costumes, seus conhecimentos.

No terceiro capítulo tratamos sobre a formação inicial dos professores da educação infantil e dos anos iniciais do ensino fundamental. Nele buscamos discutir como está organizada, na atualidade, a formação inicial do professor, tendo em conta que, legalmente, só é considerado professor aquele que se submeteu a uma formação inicial específica. Assim, apresentamos algumas características da formação inicial do professor no curso normal de nível médio (magistério), no curso de graduação em Pedagogia e algumas "tendências" que se apresentam, neste campo em específico, da formação docente.

Na sequência, no quarto capítulo, "A formação continuada dos professores como um aspecto essencial do desenvolvimento profissional docente", abordamos a questão da importância e da necessidade da formação continuada. Apontamos que o desenvolvimento com qualidade do trabalho do professor exige que esse profissional esteja constantemente estudando, revendo sua prática, buscando fundamentação teórica.

Além disso, tratamos das características de alguns processos formativos, como a formação continuada realizada na própria instituição de ensino, a ofertada pelas mantenedoras do ensino, as realizadas por meio de instituições de ensino superior e as contempladas na modalidade a distância. Encerramos o capítulo discutindo algumas tendências que marcam a formação continuada na atualidade.

No quinto capítulo, "A experiência profissional e a formação docente", defendemos o entendimento de que o professor pode aprender a se desenvolver profissionalmente por meio da própria prática, e que esta prática deve ser constantemente alimentada pela teoria, permitindo seu redimensionamento e enriquecimento para o desenvolvimento da ação profissional.

Ao final de cada capítulo, apresentamos indicações culturais e atividades voltadas para a reflexão sobre as temáticas abordadas, no intuito de que elas contribuam para a ampliação dos conhecimentos aqui expostos, que possibilitem a você, leitor, questionamentos que levem à busca de outras informações. Esperamos, ainda, que as reflexões aqui apresentadas possam contribuir com a sua prática docente.

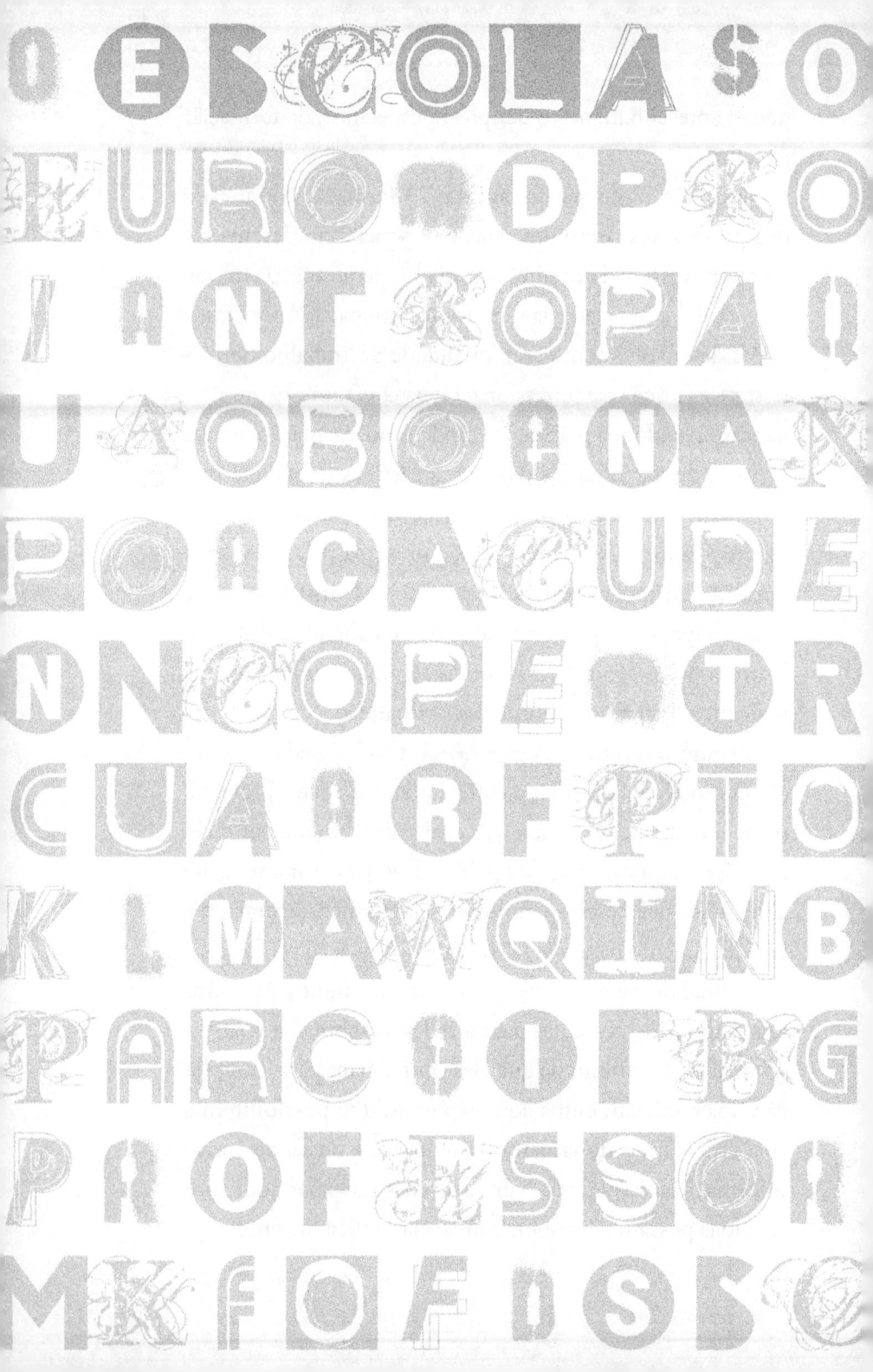

ORGANIZAÇÃO DIDÁTICO-PEDAGÓGICA

Esta seção tem a finalidade de apresentar os recursos de aprendizagem utilizados no decorrer da obra, de modo a evidenciar os aspectos didático-pedagógicos que nortearam o planejamento do material e como o aluno/leitor pode tirar o melhor proveito dos conteúdos para seu aprendizado.

Preste atenção!
Logo na abertura do capítulo, você fica conhecendo os temas e os conteúdos que nele serão abordados.

Pense a respeito!

Aqui você encontra reflexões que fazem um convite à leitura, acompanhadas de uma análise sobre o assunto.

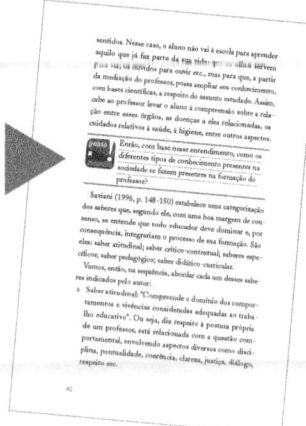

Importante!

Algumas das informações mais importantes da obra aparecem nestes boxes. Aproveite para fazer sua própria reflexão sobre os conteúdos apresentados.

Saiba mais

Você pode consultar as obras indicadas nesta seção para aprofundar sua aprendizagem.

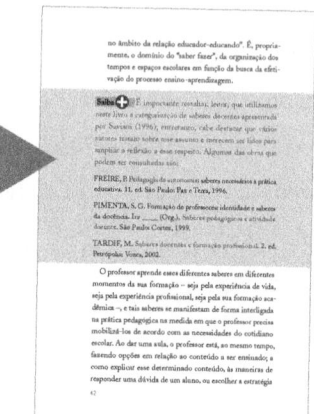

Síntese

Você conta, nesta seção, com um recurso que o instigará a fazer uma reflexão sobre os conteúdos estudados, de modo a contribuir para que as conclusões a que você chegou sejam reafirmadas ou redefinidas.

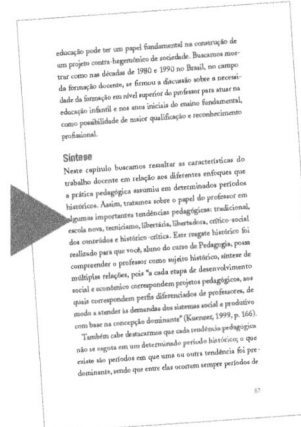

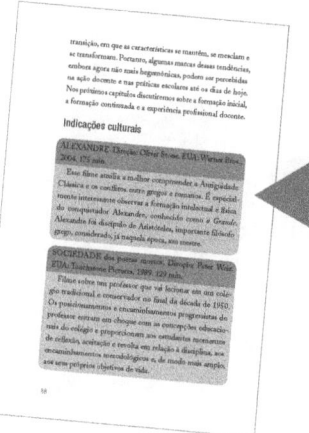

Indicações culturais

Ao final do capítulo, as autoras lhe oferecem algumas indicações de livros, filmes ou *sites* que podem ajudá-lo a refletir sobre os conteúdos estudados e permitir o aprofundamento em seu processo de aprendizagem.

Atividades de autoavaliação

Com estas questões objetivas, você tem a oportunidade de verificar o grau de assimilação dos conceitos examinados, motivando-se a progredir em seus estudos e a preparar-se para outras atividades avaliativas.

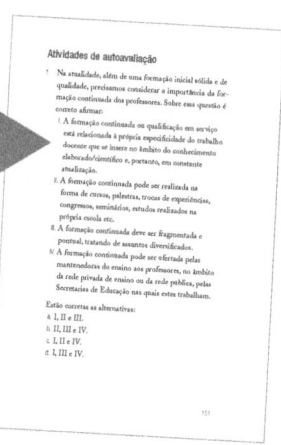

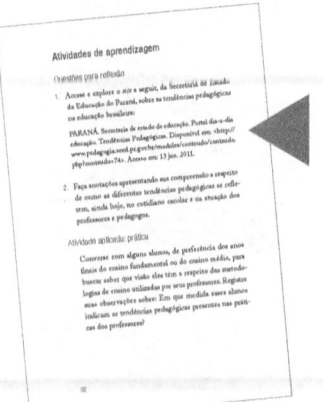

Atividades de aprendizagem

Aqui você dispõe de questões cujo objetivo é levá-lo a analisar criticamente um determinado assunto e aproximar conhecimentos teóricos e práticos.

Bibliografia comentada

Nesta seção, você encontra comentários acerca de algumas obras de referência para o estudo dos temas examinados.

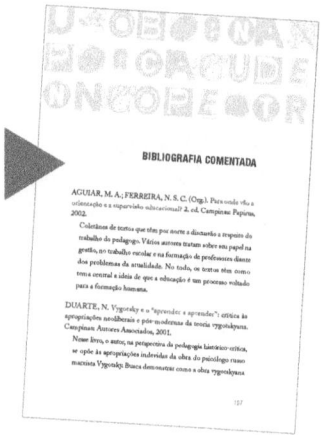

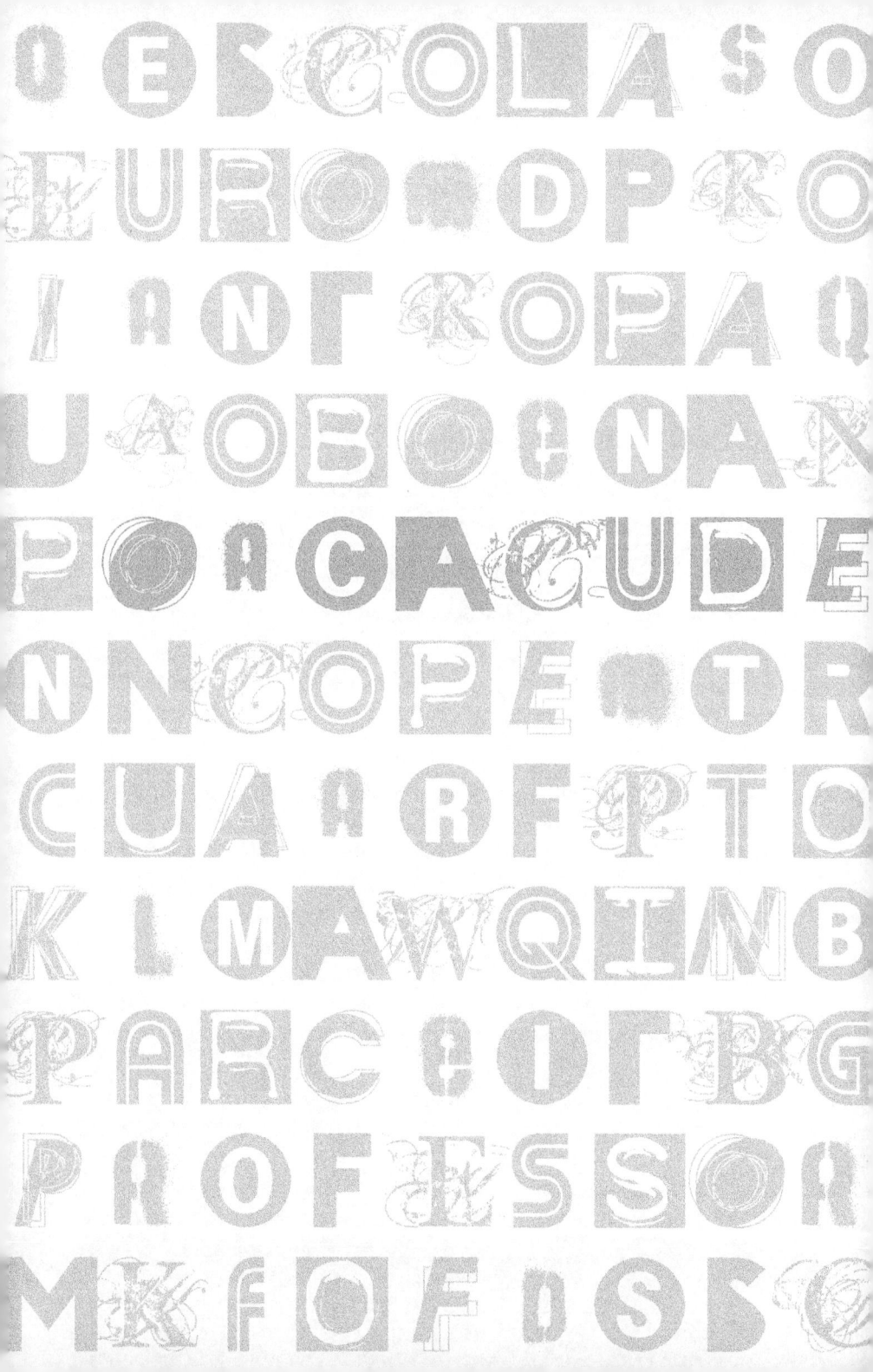

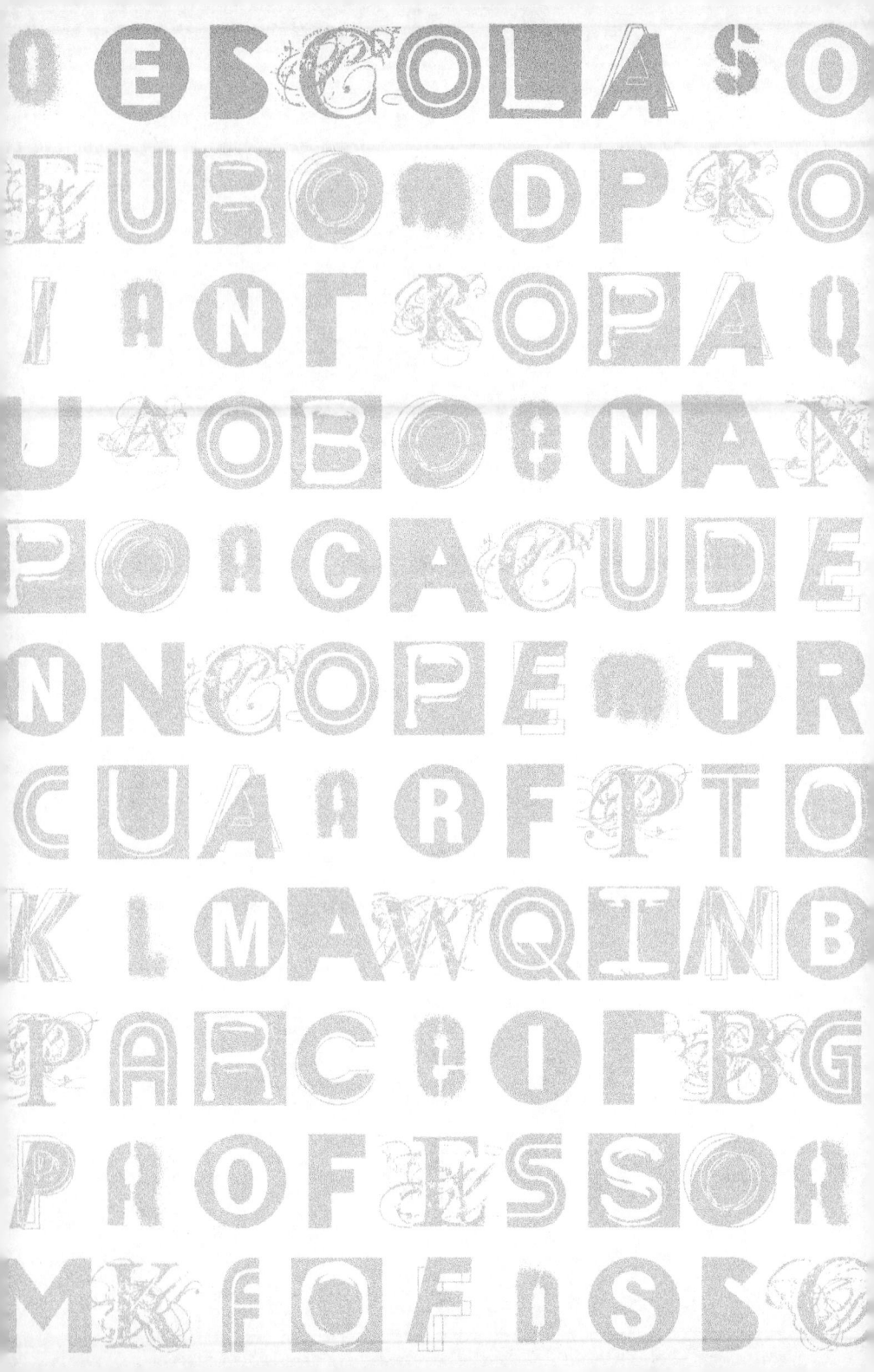

INTRODUÇÃO

A formação de professores é um tema que vem sendo bastante discutido atualmente, e todos – incluindo intelectuais, acadêmicos, políticos, empresários, mídia – são unânimes em afirmar que os professores precisam ser bem formados. Em geral, a preocupação com a formação de professores costuma aparecer relacionada com a defesa da qualidade da educação ofertada à maioria da população.

Assim, este livro destina-se a você, aluno do curso de Pedagogia, com o propósito de apresentar alguns conceitos iniciais no campo da formação docente e suscitar discussões a respeito dessa questão central. Afinal, as profissões de professor e pedagogo exigem que entendamos alguns aspectos: como nossa formação ocorre, ou seja, o que é a formação inicial, como acontece e qual a importância da formação continuada e de que forma a experiência profissional contribui com o aprimoramento da prática docente. Esses aspectos, inter-relacionados, são importantes para que o professor se aproprie dos conhecimentos necessários ao desenvolvimento do seu trabalho, tendo em vista cumprir com a função social da escola: a efetivação do processo ensino-aprendizagem. Lembramos, também, que alguns autores consideram como fundamentais no desenvolvimento profissional docente as trajetórias de vida dos professores antes de seu ingresso na profissão. Isso significa, por exemplo, considerar a história de vida dos futuros professores, desde sua infância, como aspecto decisivo para sua prática profissional atual.

Afirmamos a necessidade de uma formação de professores inicial e continuada, sólida e de qualidade, teórica e metodologicamente: uma formação que possibilite ao professor o acesso aos conhecimentos necessários à sua atuação profissional.

A abordagem teórico-metodológica que norteia a apresentação das ideias aqui expostas tem por base os pressupostos de uma pedagogia progressista fundamentada, sobretudo, no referencial da pedagogia histórico-crítica. Nesse sentido, alguns pressupostos destacados ao longo do livro são: o trabalho docente como uma forma de produção "não material", a defesa da função social da escola baseada na ideia de socialização dos conhecimentos, a indissociabilidade entre teoria e prática e a busca do fortalecimento de um projeto educativo voltado para a transformação social.

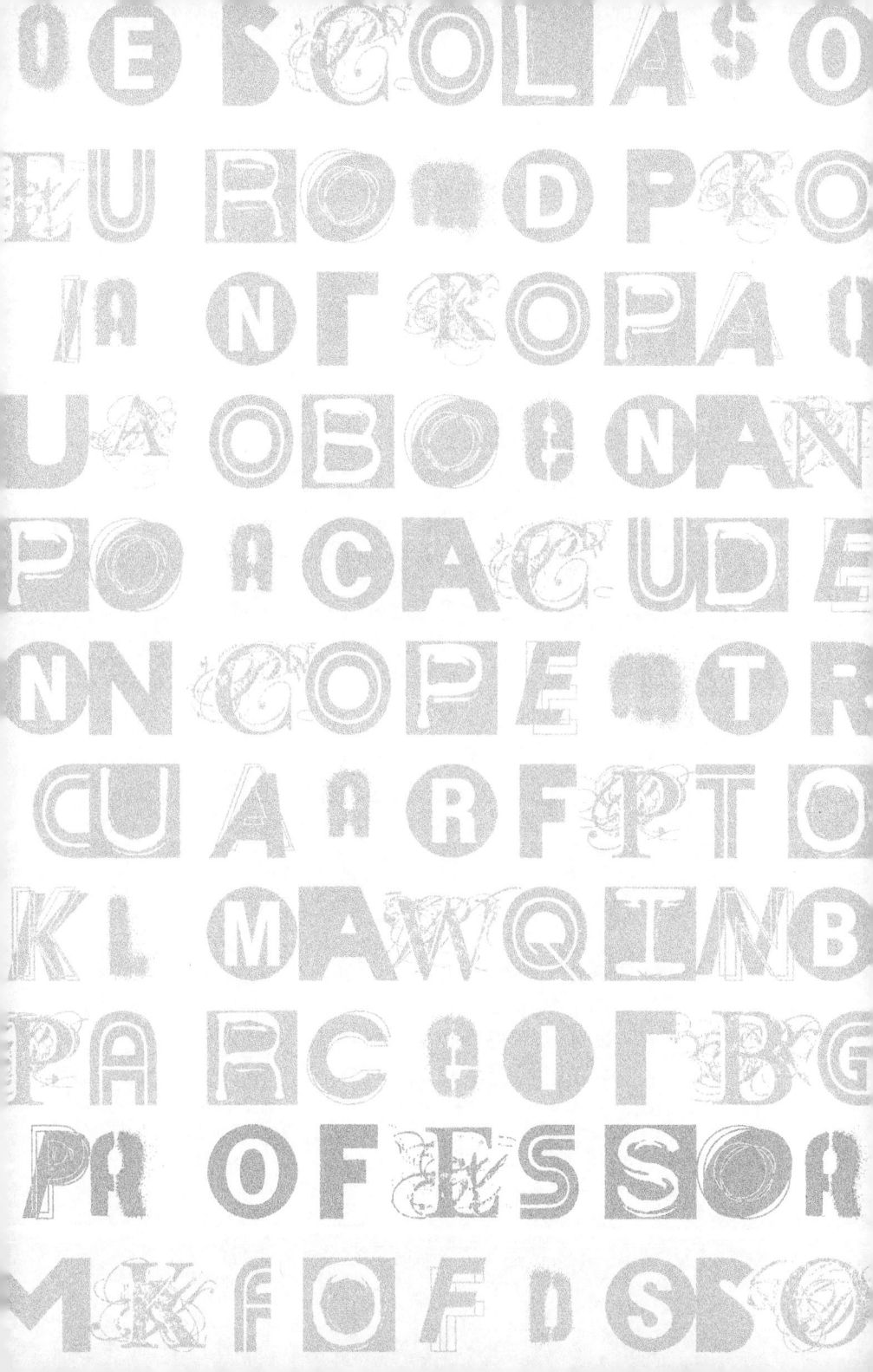

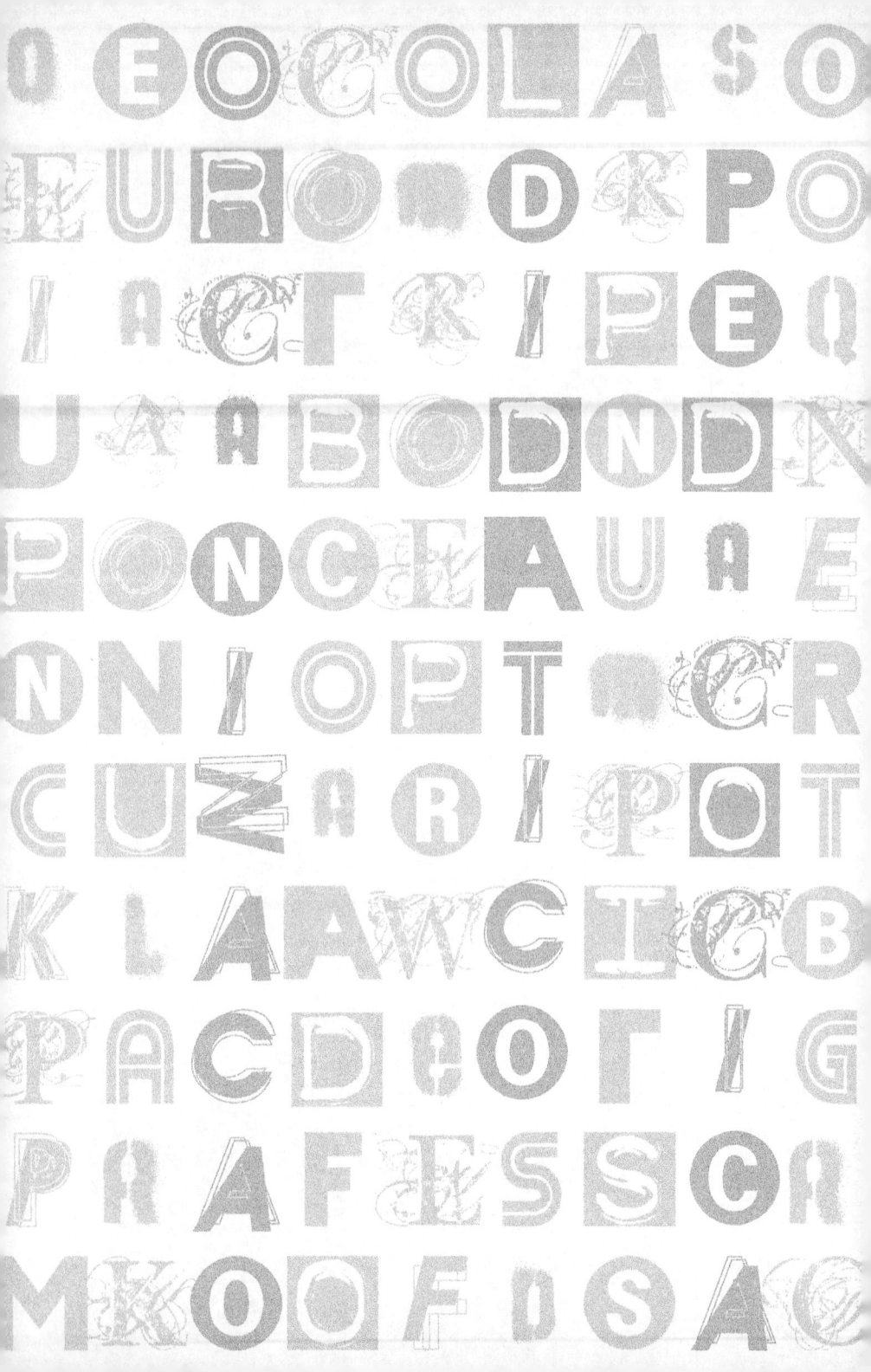

1
Formação e trabalho docente

Para compreendermos o que é a formação do professor, como essa formação ocorre na atualidade e os conhecimentos que a perpassam, é importante discutirmos, primeiramente, o que constitui o trabalho docente.

 Assim, neste capítulo, iniciaremos a discussão a partir da concepção de trabalho em geral, para então buscar a definição de trabalho docente, que será importante para nos auxiliar na compreensão a respeito dos conhecimentos que constituem a formação do professor/pedagogo.

1.1 Procurando entender o conceito de trabalho

Vamos buscar entender o conceito de trabalho em geral a partir do pensamento de Marx*, pois em sua obra o trabalho é questão central justamente por ter um papel fundamental nas origens e no próprio desenvolvimento da sociedade humana. O conceito de trabalho nas palavras do filósofo:

* Karl Marx nasceu em 05/05/1818, em Treves, capital da província alemã do Reno, hoje situada na Alemanha. O pensamento de Marx tem um objetivo prático e político, pois ele não era somente filósofo, mas também historiador, sociólogo e economista. Todo o pensamento de Marx fundamentou a organização de uma teoria científica conhecida como materialismo histórico.

> *é a atividade orientada a um fim para produzir valores de uso, apropriação do natural para satisfazer as necessidades humanas, condição universal do metabolismo entre o homem e a natureza, condição natural eterna da vida humana e, portanto, independente de qualquer forma dessa vida, sendo antes igualmente comum a todas as suas formas sociais.* (Marx, 1988, p. 146)

Portanto, para Marx, o trabalho é, de modo genérico, a forma pela qual nós, seres humanos, produzimos e reproduzimos constantemente a nossa existência, ou seja, a nossa própria vida. Então, ao nos referirmos ao trabalho humano de forma genérica, significa entendermos que o trabalho, enquanto ação intencional voltada à transformação da natureza, ocorre independentemente de qualquer forma social determinada ou tempo histórico específico. Ou seja, para vivermos, nós sempre desenvolvemos relações de trabalho, desde a Pré-História até os dias atuais.

Dessa maneira, compreendemos que, pelo trabalho, homens e mulheres produzem histórica e coletivamente as condições materiais da sua existência, ou, em outras palavras, o que é necessário para viver: alimentação, moradia, vestuário, segurança etc. Isso ocorre sempre, continuamente, em qualquer fase do desenvolvimento de uma sociedade. O trabalho é, portanto, o elemento mediador da nossa relação, enquanto humanos, com a natureza. Em outras palavras, podemos dizer que nós, seres humanos, por meio do trabalho, agimos de forma intencional sobre a natureza e a transformamos a fim de atender às nossas necessidades, desde as mais básicas ou de sobrevivência até as mais complexas ou supérfluas. Então, ao mesmo tempo que suprimos nossas necessidades imediatas, criamos, constantemente, novas necessidades. Portanto, podemos dizer, uma vez que essas necessidades são relativas ao tempo e ao espaço em que vivemos, que hoje temos necessidades que não tínhamos há algum tempo, como o celular, o micro-ondas ou o computador.

> Por meio desse trabalho intencional sobre a natureza, nós nos diferenciamos dos animais, que apenas se adaptam e reagem instintivamente ao meio.

Por meio desse trabalho intencional sobre a natureza, nós nos diferenciamos dos animais, que apenas se adaptam e reagem instintivamente ao meio. O pássaro joão-de-barro, por exemplo, constrói sua casa sempre da mesma forma, instintivamente, e ela pode ser reconhecida como "casa de joão-de-barro" em qualquer lugar. As aranhas constroem suas teias sempre no mesmo padrão, assim como as abelhas e suas colmeias, as formigas e seus formigueiros etc. Por outro lado, nós, seres humanos, construímos nossas casas de várias formas, de acordo com nossos interesses, o local onde moramos, o clima da região, os recursos disponíveis ou nossas condições econômicas.

Assim, não nos adaptamos à natureza, nós a transformamos e, nesse processo, transformamos a nós mesmos, produzindo e reproduzindo a vida humana. Por meio das relações sociais que se estabelecem a partir do trabalho, mantemos nossa existência singular/individual, bem como possibilitamos a perpetuação da espécie.

Para Marx (1988, p. 142-143), o que de fato diferencia o ser humano do animal, em relação ao trabalho, é a nossa capacidade de planejar a ação idealmente, no plano das ideias, antes de executá-la, pois:

> *Uma aranha executa operações semelhantes às do tecelão, e a abelha envergonha mais de um arquiteto humano com a construção dos favos de suas colmeias. Mas o que distingue, de antemão, o pior arquiteto da melhor abelha é que ele construiu o favo em sua cabeça, antes de construí-lo em cera. No fim do processo de trabalho obtém-se um resultado que já no início deste existiu na imaginação do trabalhador, e, portanto, idealmente.*

Precisamos destacar, também, que o trabalho humano é sempre histórico, ou seja, a produção da vida humana, por meio do trabalho, se dá sempre sob condições objetivas. Cada geração produz sua existência sobre as bases da geração que a precedeu, pois, como disse o próprio Marx (1997, p. 21):

> *Os homens fazem sua própria história, mas não a fazem como querem; não a fazem sob circunstâncias de sua escolha e sim sob aquelas com que se defrontam diretamente, legadas e transmitidas pelo passado. A tradição de todas*

as gerações mortas oprime como um pesadelo o cérebro dos vivos.

Nesse sentido, tudo o que nós produzimos hoje é elaborado com base naquilo que já existe. Por exemplo, não precisamos constantemente redescobrir a roda, a energia elétrica ou a radiação, pois os conhecimentos, com o passar do tempo, se ampliam e se acumulam, e isso nos permite criar "o novo a partir do velho", desde os bens materiais até as ideias morais, religiosas e filosóficas, que se modificam de acordo com as fases da nossa história.

Concluímos este item reforçando a ideia de que o trabalho é o elemento que nos constitui como seres humanos. Trata-se de uma questão de cunho ontológico*, ou seja, que diz respeito à compreensão do que nos tornamos: seres sociais.

> À medida em que determinado ser natural se destaca da natureza e é obrigado, para existir, a produzir sua própria vida, é que ele se constitui propriamente enquanto homem. Em outros termos, diferentemente dos animais, que se adaptam à natureza, os homens têm de fazer o contrário: eles adaptam a natureza a si. O ato de agir sobre a natureza, adaptando-a às necessidades humanas, é o que conhecemos pelo nome de trabalho. Por isto podemos dizer que o trabalho define a essência humana. Portanto, o homem, para continuar existindo, precisa estar continuamente produzindo sua própria existência através do trabalho. Isto faz com que a vida do homem seja determinada pelo modo como ele produz a sua existência. (Saviani, 1994, p. 152)

---

* De acordo com Soares (2008, p. 67), "a palavra ontologia tem sua origem na palavra grega *ontos*, ser e *logos*, discurso sobre: Ontologia é o modo de ser, e se o é, qualquer atividade do ser social pressupõe uma ontologia, uma forma de compreender o ser. Um determinado conhecimento está sempre vinculado de maneira complexa e nem sempre consciente a uma ontologia, a uma compreensão da realidade, como pano de fundo, que lhe confere sentido. Desta forma é possível afirmar que todos os conhecimentos refletem uma ontologia."

Até aqui tratamos sobre o conceito de trabalho em geral como elemento que constitui o ser humano, atividade intencional e planejada que visa à transformação da natureza a fim de garantir as condições necessárias à vida humana em cada determinado período histórico. Vimos que, por meio do trabalho humano, se produzem historicamente os bens materiais necessários à sobrevivência e, ao mesmo tempo, conhecimentos, ideias, crenças, valores.

Mas cabe lembrar: estamos tratando sobre o conceito de trabalho em geral para melhor compreendermos uma forma específica de trabalho, que é o trabalho docente.

- O que é, afinal, o trabalho docente?
- Quais são suas características?
- O que o diferencia de outras formas de trabalho na nossa sociedade?

Essas são algumas das questões de que trataremos agora!

1.2 O trabalho docente

Em nossa sociedade, o trabalho docente está relacionado com a questão da educação, que é uma prática social complexa voltada à transmissão de conhecimentos de geração a geração. Embora nos lembremos imediatamente da instituição *escola* quando falamos de educação, ela, a educação, não se restringe apenas ao âmbito escolar, pois faz parte da nossa vida cotidiana e está presente em espaços e relações formais e informais.

Informalmente a educação se dá de formas variadas, em relações como: a familiar (entre pais e filhos, entre irmãos, tios, avós etc.), no trabalho (entre colegas de trabalho, chefes e empregados), entre amigos, nos espaços religiosos e várias outras. De forma ampla, podemos dizer que as relações humanas, sociais e historicamente situadas, são sempre pedagógicas, educativas, seja isso intencional ou não. As pessoas se relacionam entre si e em situações e tempos diversos se educam, transmitem conhecimentos, apropriam-se de ideias e criam outras a partir destas. Isso ocorre há muito tempo e continua ocorrendo, desde que existimos e vivemos em sociedade.

Mesmo antes da constituição formal da escola, já existia o ofício de ensinar, que caracterizava a figura do professor. Vamos então indicar alguns aspectos da história da constituição da profissão docente desde a Antiguidade.

Na Antiguidade Clássica, greco-romana, havia pessoas que eram responsabilizadas pela educação de outros. Nessa época, eram os escravos que acompanhavam as crianças até os mestres ou preceptores que lhes ensinariam os conhecimentos considerados necessários naquele momento, pois eram pessoas que dominavam a arte do discurso (a oratória), visto que falar bem era um dos principais objetivos da educação daquele período. Todavia, os escravos, capturados nas guerras, eram, muitas vezes, mais sábios que seus donos e, por esse motivo, passaram a ser os educadores.

Já na Idade Média*, sob o modo de produção feudalista, num período em que o poder da Igreja Católica era muito forte em relação às questões políticas e econômicas, os mestres eram predominantemente os clérigos, padres das paróquias ou dos mosteiros. Então, como a maioria da população era analfabeta, os padres eram alguns dos poucos que

* A Idade Média ou Período Medieval é "o período da história europeia compreendido aproximadamente entre a queda do Império Romano do Ocidente e o período histórico determinado pela afirmação do capitalismo sobre o modo de produção feudal, o florescimento da cultura renascentista e os grandes descobrimentos." (Barros; Félix, 2002-2003). Quando afirmamos que nesse período prevalecem "relações naturais" referimo-nos ao fato de que não havia ainda a predominância do modelo contratual para demarcar as relações sociais, mas, sim, dos laços de consanguinidade (de pais para filhos).

detinham conhecimentos, como a leitura e a escrita. Logo, o objetivo da educação era, sobretudo, formar um bom cristão.

No período de transição entre a Idade Média e a Modernidade, conhecido como Renascimento, ocorreram mudanças econômicas, políticas e culturais importantes, que tiveram como um dos seus eixos a Reforma Protestante no campo religioso, um movimento de contestação à supremacia da Igreja Católica. A organização do ensino passa a ser mais parecida com a que conhecemos hoje, pois até então o ensino era individualizado, baseado na relação entre mestre e aprendiz, e, a partir do Renascimento, então, o ensino passou a ser organizado coletivamente nas escolas, e apareceram os primeiros professores laicos.

É importante ressaltar que, na Europa, a ideia de um professor laico, desvinculado de uma ordem religiosa e a serviço do Estado, se fortalece com a Revolução Francesa, movimento que significou o fim do absolutismo, dos poderes da nobreza, e que, com base nas ideias liberais de igualdade, liberdade e fraternidade, incitou a luta por um Estado forte que viesse a garantir os direitos do cidadão, entre eles, a educação.

> **Modernidade ou Idade Moderna**
> "Indica o período da história ocidental que começa depois do Renascimento, a partir do séc. XVII. Do período M. costuma-se distinguir frequentemente o 'contemporâneo', que compreende os últimos decênios" (Abbagnano, 2003, p. 679). É a partir desse período que nasce e se desenvolve o modo de produção capitalista.

> **Revolução Francesa**
>
> "Para muitos historiadores, a Revolução Francesa faz parte de um movimento revolucionário global, atlântico ou ocidental, que começa nos Estados Unidos em 1776, atinge Inglaterra, Irlanda, Holanda, Bélgica, Itália, Alemanha, Suíça e, em 1789, culmina na França com violência maior. O movimento passa a repercutir em outros países europeus e volta à França em 1830 e 1848. Há traços comuns em todos esses movimentos, mas a Revolução Francesa tem identidade própria, manifestada na tomada do poder pela burguesia, na participação de camponeses e artesãos, na superação das instituições feudais do Antigo Regime e na preparação da França para caminhar rumo ao capitalismo industrial"
>
> Fonte: CULTURA BRASILEIRA. Disponível em: <http://www.culturabrasil.pro.br/revolucaofrancesa.htm>
> Acesso em: 13. Jun. 2011.

Saviani (1994, p. 155-156) nos auxilia na compreensão de que foi na Idade Moderna, com o advento do capitalismo, que se deu a institucionalização da educação por meio da escola. As novas relações sociais, econômicas e políticas exigiram a expansão do ensino, devido à necessidade de que os trabalhadores tivessem um mínimo de instrução capaz de permitir seu ingresso no mercado de trabalho. Ou seja, o domínio da escrita passou a ser uma necessidade generalizada:

> *A produção centrada na cidade e na indústria implica que o conhecimento, a ciência que é uma potência espiritual, se converta, através da indústria, em potência material. Então, o conhecimento – Bacon assim colocava no início da Época Moderna – é poder, conhecer é poder. Todo o*

desenvolvimento científico da época moderna se dirigia ao domínio da natureza: sujeitar a natureza aos desígnios do homem, transformar os conhecimentos em meios de produção material. E a indústria não é outra coisa senão o processo pelo qual se incorpora a ciência, como potência material, no processo produtivo. Se se trata de uma sociedade baseada na cidade e na indústria, se a cidade é algo construído, artificial, não mais algo natural, isto vai implicar que esta sociedade organizada à base do direito positivo também vai trazer consigo a necessidade de generalização da escrita.

Podemos verificar, então, que é com o capitalismo que se origina a necessidade da expansão da escola, na qualidade de instituição formal, responsável por ensinar a maioria da população a ler e escrever. E, nesse contexto, amplia-se a necessidade de professores para atuar nessa escola.

O trabalho docente é, portanto, uma atividade sempre intencional e está inserido no âmbito mais amplo da educação. Segundo Saviani (1996, p. 146):

se a educação, pertencendo ao âmbito da produção não material, tem a ver com ideias, conceitos, valores, símbolos, hábitos, atitudes, habilidades, tais elementos não lhe interessam em si mesmos, como algo exterior ao homem.
Nessa forma, isto é, considerados em si mesmos como algo exterior ao homem, esses elementos constituem o objeto de preocupação das chamadas ciências humanas, em contraposição

às ciências da natureza. Diferentemente, do ponto de vista da educação, esses elementos interessam enquanto é necessário que os homens os assimilem, tendo em vista a constituição de algo como uma segunda natureza. Com efeito, o que não é garantido pela natureza tem de ser produzido historicamente pelos homens; e aí se incluem os próprios homens. Podemos, pois, dizer que a natureza humana não é dada ao homem, mas é por ele próprio produzida sobre a base da natureza biofísica. Consequentemente, o trabalho educativo é o ato de produzir, direta e intencionalmente, em cada indivíduo singular, a humanidade que é produzida histórica e coletivamente pelo conjunto dos homens.

Chegamos, aqui, ao ponto central a respeito da natureza do trabalho docente: o trabalho docente é uma forma de produção não material*, insere-se no âmbito da produção do saber, do conhecimento que produzimos histórica e coletivamente, na medida em que produzimos, também, as condições materiais de nossa existência. A apropriação do conhecimento é condição para a nossa humanização, uma vez que não nascemos humanos (apenas o somos como espécie, nas determinações biológicas), mas nos tornamos humanos pelo trabalho educativo. O conhecimento é, portanto, meio e não fim em si mesmo.

* Para saber mais sobre formas de produção não material, você pode ler Marx (1988, cap VI. Inédito).

Afirmar que o trabalho docente é uma forma de produção não material significa o entendimento de que pelo trabalho do professor não se produzem objetos corpóreos como o trabalho do marceneiro pode produzir mesas, cadeiras, ou o trabalho do pedreiro pode produzir casas, prédios. O trabalho do professor está diretamente relacionado com a questão da produção e socialização de conhecimentos na nossa sociedade. Ou seja, o trabalho docente realizado na instituição escolar objetiva a aprendizagem do aluno em relação à apropriação de conhecimentos elaborados/ científicos.

Falar sobre o trabalho do professor na atualidade exige que se situe o contexto social em que esse trabalho está inserido: a sociedade capitalista. Cabe então perguntar:

 O que caracteriza a sociedade capitalista em que vivemos e na qual o professor exerce sua profissão?

Antes de tudo, sobre a sociedade capitalista é importante destacar que:

> *se desenvolveu historicamente tendo por base a produção de bens materiais (mercadorias) voltada à obtenção de lucro (mais valia). Este processo só se realiza na medida em que uma determinada classe social (hegemônica), detentora do capital e dos meios de produção, explora a força de trabalho de outra classe social (a classe trabalhadora) e desapropria esta classe, material e culturalmente, dos bens que ela própria produz. Sob a aparência de uma relação simples de troca de mercadorias (o capitalista compra a força de trabalho do trabalhador por uma determinada quantia X,*

correspondendo ao salário do trabalhador), se constituem relações sociais de exploração e dominação. (Soares, 2007)

A compreensão das relações sociais sob o contexto da sociedade capitalista é uma questão bastante complexa e permeada por múltiplas determinações. Sobre essa complexidade interessa ressaltar o fato de que este modo de produção da vida humana – o capitalismo – é contraditório em sua essência: ao mesmo tempo que produz a vida humana, com a produção da riqueza, dos avanços científicos e tecnológicos, **produz também o seu contrário**, a pobreza, a desigualdade social e a miserabilidade de grande parte da população que não tem acesso ao conjunto do que é produzido socialmente.

> Sob a lógica do capitalismo, à grande parte da população são constantemente negadas as condições mínimas de sobrevivência digna, no que se refere ao atendimento de suas necessidades elementares.

Assim, sob a lógica do capitalismo, à grande parte da população são constantemente negadas as condições mínimas de sobrevivência digna, no que se refere ao atendimento de suas necessidades elementares. Isso ocorre de tal forma que nos parece algo natural, de uma ordem social inquestionável, para a qual não há saída. Nesse contexto é muito comum que passemos a desenvolver atitudes **céticas** (não acreditar), **fatalistas** (achar que não há saída) e **imobilistas** (cruzar os braços ou ficar sem ação) em relação às possibilidades de transformação social.

Considerando o contexto acima indicado, apontamos a necessidade e a possibilidade do desvelamento desta aparente "naturalidade" das relações sociais estabelecidas sob o capitalismo. Tal possibilidade estaria presente, de alguma forma, à medida que nos tornamos capazes de compreender a totalidade, complexa e contraditória, das relações sociais nas quais estamos inseridos. Em outras palavras, "o conhecimento objetivo sobre a realidade, a correta apreensão do real, é condição indispensável para a intervenção consciente no sentido da sua transformação" (Soares, 2007, p. 21).

Assim, a realização do trabalho do professor, garantindo que seus alunos aprendam, ou seja, se apropriem de novos conhecimentos, pode contribuir para ampliar a compreensão sobre a realidade e, indiretamente, para a transformação da sociedade. Evitando uma visão "salvacionista" da educação, como se através dela pudéssemos resolver todos os problemas sociais, precisamos lembrar que o trabalho do professor na escola não transforma por si só a realidade, no entanto pode ter um papel importante nesse processo.

1.3 A importância dos conhecimentos na formação docente

Agora que entendemos o que é o trabalho docente e a sua relação com o conhecimento em nossa sociedade, vamos discutir quais são os conhecimentos envolvidos nesse processo de trabalho específico e suas implicações na formação dos professores. Assim, quando falamos sobre formação de professores, estamos nos referindo à ideia de formar para a ação, formar para a atuação profissional, para a qualificação do trabalho a ser realizado. Essa formação ocorre num processo contínuo e não linear, que envolve toda a vida pessoal e profissional do professor, desde suas experiências formativas estabelecidas nos diferentes espaços de convívio social, até a qualificação formal, por meio dos cursos de formação inicial e continuada.

O conhecimento faz parte do trabalho do professor, tanto como objeto do seu trabalho, aquilo que vai ser ensinado ao seu aluno, quanto como condição necessária ao exercício da sua função, ou seja, enquanto saberes que subsidiam e orientam o desenvolvimento da prática pedagógica.

> **pense a respeito!** Mas, afinal, quais são os conhecimentos que o professor precisa dominar para exercer sua função?

Saviani, no texto "Os saberes implicados na formação do educador" (1996, p. 145), se propõe a discutir sobre "os saberes que definem, delimitam, dão contorno, circunscrevem ou configuram a formação do educador". Ou seja, procura responder à questão sobre o que é necessário para que alguém se torne educador. Nesse texto o autor indica que:

> *Ora, educador é aquele que educa, isto é, que pratica a educação. Portanto, para alguém ser educador é necessário saber educar. Assim, quem pretende ser educador precisa aprender, ou seja, precisa ser formado, precisa ser educado para ser educador. Em outros termos, ele precisa dominar os saberes*

implicados na ação de educar, isto é, ele precisa saber em que consiste a educação.

Para compreendermos melhor a questão da formação dos professores, precisamos discutir sobre os **diferentes tipos de conhecimento** presentes na nossa sociedade e que de alguma forma estão relacionados com a formação docente. Saviani (1996) caracteriza o conhecimento como *"doxa"*, *"sofia"* ou *"episteme"*, considerando que:

- *Doxa* representa o saber advindo da experiência cotidiana, do senso comum, ou seja, é opinião. Nesse sentido, todos nós temos doxa, temos opinião, emitimos constantemente pareceres sobre assuntos diversos do dia a dia. Quem de nós não arrisca dar sua opinião sobre o jogo de futebol, a política, o programa da televisão?
- *Sofia* é o conhecimento que adquirimos por meio do tempo de vida. A experiência de vida garantiria maior acertabilidade, fundada na sabedoria, ao emitirmos conselhos, julgamentos etc. Dessa forma, às vezes consideramos as opiniões de nossos pais, avós ou daquele professor mais "vivido", mais experiente, por serem pessoas sábias.
- *Episteme*, por sua vez, representa o conhecimento do tipo científico, o saber comprovado, a ciência. Desse ponto de vista nem sempre a pessoa mais experiente, sábia por meio da idade ou experiência de vida, é quem tem a razão. Esse tipo de conhecimento, científico, historicamente define a organização curricular da instituição educativa formal, a escola em seus diversos níveis de ensino. Por esse motivo a instituição escolar está irremediavelmente

ligada à questão da ciência. Entretanto, ao apresentar a ciência vinculada ao entendimento de razão e verdade, cabe destacar que a verdade não pode ser entendida como dogma, eterna ou imutável, mas como relativa a um tempo e espaço específicos. Assim, o que é verdade hoje pode não ter sido em tempos passados e pode não continuar sendo em tempos futuros. A ciência é entendida, então, como a busca por uma apreensão adequada do real.

À escola não cabe reproduzir apenas o que é senso comum (*doxa*), também não pode basear-se apenas nos conhecimentos adquiridos pelas pessoas por meio do seu tempo ou experiência de vida (*sofia*). A escola e, por consequência, o trabalho docente estão relacionados com a garantia da efetivação do processo ensino-aprendizagem de um conhecimento específico, que é o conhecimento elaborado e científico. Isso não significa que os outros tipos de conhecimento a que nos referimos não estejam também presentes no meio educacional, entretanto, eles não são o foco de sua atuação.

A criança não vai à escola para repetir aquilo que já faz parte do seu meio cotidiano, do senso comum, do dia a dia. A criança vai à escola para ter acesso aos conhecimentos que não lhe são dados espontaneamente, e que exigem, por parte da escola e do professor, um trabalho intencional e sistematizado. Por exemplo, na disciplina de ciências, em uma determinada série, ano ou etapa, é trabalhado o conteúdo órgãos dos

> O que é verdade hoje pode não ter sido em tempos passados e pode não continuar sendo em tempos futuros.

sentidos. Nesse caso, o aluno não vai à escola para aprender aquilo que já faz parte da sua vida: que os olhos servem para ver, os ouvidos para ouvir etc., mas para que, a partir da mediação do professor, possa ampliar seu conhecimento, com bases científicas, a respeito do assunto estudado. Assim, cabe ao professor levar o aluno à compreensão sobre a relação entre esses órgãos, as doenças a eles relacionadas, os cuidados relativos à saúde, à higiene, entre outros aspectos.

> **pense a respeito!** Então, com base nesse entendimento, como os diferentes tipos de conhecimento presentes na sociedade se fazem presentes na formação do professor?

Saviani (1996, p. 148-150) estabelece uma categorização dos saberes que, segundo ele, com uma boa margem de consenso, se entende que todo educador deve dominar e, por consequência, integrariam o processo de sua formação. São eles: saber atitudinal; saber crítico-contextual; saberes específicos; saber pedagógico; saber didático-curricular.

Vamos, então, na sequência, abordar cada um desses saberes indicados pelo autor:

a. **Saber atitudinal:** "Compreende o domínio dos comportamentos e vivências consideradas adequadas ao trabalho educativo". Ou seja, diz respeito à postura própria de um professor, está relacionada com a questão comportamental, envolvendo aspectos diversos como disciplina, pontualidade, coerência, clareza, justiça, diálogo, respeito etc.

b. Saber crítico-contextual: "Trata-se do saber relativo à compreensão das condições sócio-históricas que determinam a tarefa educativa". Refere-se, portanto, à compreensão do contexto histórico-político-econômico; à compreensão do movimento da sociedade, da realidade. Esse conhecimento possibilita ao professor estabelecer relações entre os conteúdos e entre esses conteúdos e a prática social real. Podemos dizer, então, que o professor precisa ser alguém atualizado, que sabe o que está acontecendo no mundo, no tempo e no espaço à sua volta para poder discutir e analisar com seus alunos sobre assuntos da contemporaneidade.

c. Saberes específicos: "Aqui se incluem os saberes correspondentes às disciplinas em que se recorta o conhecimento socialmente produzido e que integram os currículos escolares." Referem-se às disciplinas do currículo escolar e seus conteúdos, como a Matemática, a Língua Portuguesa, a Geografia, entre outras.

d. Saber pedagógico: "Aqui se incluem os conhecimentos produzidos pelas ciências da educação e sintetizados nas teorias educacionais." São, portanto, os conhecimentos dos fundamentos da educação (psicológicos, antropológicos, sociológicos, filosóficos etc.). E, sobretudo, o conhecimento de como esses fundamentos se apresentam em correntes ou tendências pedagógicas que orientam as práticas docentes.

e. Saber didático-curricular: "conhecimentos relativos às formas de organização e realização da atividade educativa no âmbito da relação educador-educando". É, propriamente, o domínio do "saber fazer", da organização dos tempos e espaços escolares em função da busca da efetivação do processo ensino-aprendizagem.

Saiba + É importante ressaltar, leitor, que utilizamos neste livro a categorização de saberes docentes apresentada por Saviani (1996); entretanto, cabe destacar que vários autores tratam sobre esse assunto e merecem ser lidos para ampliar a reflexão a esse respeito. Algumas das obras que podem ser consultadas são:

FREIRE, P. Pedagogia da autonomia: saberes necessários à prática educativa. 11. ed. São Paulo: Paz e Terra, 1996.

PIMENTA, S. G. Formação de professores: identidade e saberes da docência. In: _____ (Org.). Saberes pedagógicos e atividade docente. São Paulo: Cortez, 1999.

TARDIF, M. Saberes docentes e formação profissional. 2. ed. Petrópolis: Vozes, 2002.

O professor aprende esses diferentes saberes em diferentes momentos da sua formação – seja pela experiência de vida, seja pela experiência profissional, seja pela sua formação acadêmica –, e tais saberes se manifestam de forma interligada na prática pedagógica na medida em que o professor precisa mobilizá-los de acordo com as necessidades do cotidiano escolar. Ao dar uma aula, o professor está, ao mesmo tempo, fazendo opções em relação ao conteúdo a ser ensinado; a como explicar esse determinado conteúdo, às maneiras de responder uma dúvida de um aluno, ou escolher a estratégia metodológica mais adequada para o trabalho a ser realizado, entre outras questões.

Portanto, o professor precisa, necessariamente, dominar os aspectos teóricos e metodológicos que orientam a sua ação, possibilitando-lhe um agir consciente e intencional. Moraes e Torriglia (2003, p. 50) afirmam que "é na relação entre o campo disciplinar e o campo da didática que se constrói o ser e se produz o conhecimento docente". Assim, a prática pedagógica em sua complexidade exige, ao mesmo tempo, o domínio dos conteúdos inerentes à área do conhecimento específica, bem como o domínio didático, que se refere aos métodos e técnicas adequados à efetivação do processo ensino-aprendizagem.

> "É na relação entre o campo disciplinar e o campo da didática que se constrói o ser e se produz o conhecimento docente" (Moraes; Torriglia, 2003, p. 50).

Quando tratamos da formação dos professores para atuar na educação infantil e nos anos iniciais do ensino fundamental, precisamos levar em consideração quais conhecimentos são fundamentais para o trabalho pedagógico que será realizado com estes alunos. Dessa forma, questões como as características da faixa etária dos alunos atendidos, envolvendo aspectos relacionados com o desenvolvimento motor, biológico, psicológico, intelectual, cognitivo etc., devem ser levadas em conta. Documentos como as Diretrizes Curriculares Nacionais para a Educação Infantil* e as Diretrizes Curriculares Nacionais para o Ensino Fundamental** são parâmetros que indicam aspectos a serem observados na formação desses professores, pois esses documentos apresentam, na atualidade, os elementos que fazem parte do processo de ensino-aprendizagem nessas etapas da educação básica.

---

* A Resolução nº 2, de 7 de abril de 1998 está disponível em: <http://portal.mec.gov.br/cne/arquivos/pdf/rceb02_98.pdf>. Acesso em: 23 mar. 2011.

** A Resolução nº 1, de 7 abril de 1999, está disponível em: <http://portal.mec.gov.br/cne/arquivos/pdf/CEB0199.pdf>. Acesso em: 23 mar. 2011.

Síntese

Neste capítulo, discutimos a respeito do que constitui o trabalho docente. Partimos da concepção de trabalho em geral para entendermos a definição de trabalho docente como uma forma de "produção não material" (Marx, 1988). De modo geral, tratamos sobre os conhecimentos implicados na formação dos professores (Saviani, 1996) e afirmamos que tais conhecimentos constituem a base teórico-epistemológica que sustenta o desenvolvimento da ação docente consciente e intencionalmente planejada.

Indicações culturais

A GUERRA do fogo. Direção: Jean-Jacques Annaud. França/Canadá: Fox Film, 1981. 100 min.

O filme retrata o homem primitivo. É muito interessante para podermos observar como se dá, gradativamente, a diferenciação da espécie humana em relação aos outros animais, especialmente por meio do desenvolvimento da linguagem e da possibilidade de criar instrumentos de trabalho. Isso além da descoberta do fogo pelo homem, que é um ponto de destaque no filme.

ENTRE os muros da escola. Direção: Laurent Cantet. França: Sony Pictures, 2007. 128 min.

Trata-se de um filme francês que focaliza a relação professor-aluno no contexto de uma escola de ensino médio. É uma boa contribuição para que possamos refletir sobre os condicionantes sócio-econômico-culturais que envolvem a realização do trabalho docente e que estão além dos muros da escola.

Atividades de autoavaliação

1. O professor Paulo, no exercício da sua profissão, tem domínio do conteúdo da matéria que leciona (Matemática), mas apresenta dificuldades em escolher os recursos mais adequados para as suas aulas (por exemplo: fica indeciso entre utilizar o quadro valor-lugar ou o material dourado para ensinar operações envolvendo a multiplicação). Nesse caso é possível afirmar que o professor necessita fortalecer seus conhecimentos no âmbito do saber:
   a. Específico (conhecimento do conteúdo da matéria que leciona, relacionado à área do conhecimento da qual se trata: português, matemática, geografia etc.).
   b. Atitudinal (conhecimentos a respeito da postura docente, como pontualidade, coerência, vocabulário adequado etc.).
   c. Da experiência (conhecimentos arrolados no desenvolvimento de seu trabalho, ou seja, o saber tácito. Nesse caso, apenas o tempo de experiência

lhe permitirá saber escolher de forma adequada os recursos a serem utilizados nas aulas).

d. Didático/metodológico (conhecimento das formas de organização do processo pedagógico: uso de materiais didáticos e utilização adequada do tempo e do espaço em sala de aula para possibilitar a aprendizagem dos conteúdos escolares pelos alunos).

2. Há algum tempo, ser professor já foi considerado uma forma de vocação ou missão. Atualmente essa visão é questionada, afirmando-se que a profissão docente implica, entre outros aspectos:

a. cientificidade, coletividade e competência.
b. cientificidade, individualismo e competência.
c. coletividade, competitividade e cientificidade.
d. coletividade, competitividade e competência.

3. A respeito dos saberes docentes, relacione o primeiro grupo de palavras com as frases correspondentes a seguir:

A. Atitudinal
B. Crítico-contextual
C. Específico
D. Pedagógico
E. Didático-curricular

( ) Formas de organização e realização da atividade educativa.
( ) As disciplinas do currículo escolar.
( ) Conhecimentos das teorias educacionais, fundamentos.

( ) Comportamental – disciplina, pontualidade, coerência.
( ) Compreensão das condições sócio-históricas.
a. A, B, C, E, D.
b. E, C, D, A, B.
c. B, A, C, E, D.
d. D, E, C, B, A.

4. Na realização do trabalho educativo, o domínio dos saberes pedagógicos por parte do professor é essencial para o bom desenvolvimento das aulas. Assinale a alternativa que define o que são os saberes pedagógicos:
   a. Constituem-se a partir da prática, na realização cotidiana do trabalho escolar, em outras palavras, no chão da escola.
   b. São constituídos pela compreensão das ciências da educação e da didática. Esses saberes necessitam ser confrontados com as pesquisas na área educacional, já que se respaldam nos avanços científicos no campo da educação.
   c. São constituídos pelo domínio do conhecimento específico da área sobre a qual os professores ministram as aulas. Assim, dizem respeito ao conteúdo das disciplinas escolares.
   d. São adquiridos exclusivamente nos cursos de pós--graduação, como mestrados e doutorados.

5. Em relação aos conhecimentos na formação do professor, assinale a sequência de palavras que completa adequadamente o trecho abaixo:

Entre os componentes da identidade docente está o _____, que é o objeto da relação professor-aluno. Nesse sentido, pode-se afirmar que um professor de Matemática, além de dominar o conhecimento _____ da sua matéria, deve também ter conhecimentos _____ sobre o ato de ensinar.

a. Conhecimento, específico, pedagógicos.
b. Conhecimento, espontâneo, pedagógicos.
c. Domínio de classe, espontâneo, pedagógicos.
d. Domínio de classe, específico, espontâneos.

Atividades de aprendizagem

Questões para reflexão

1. Aprofunde a questão sobre os conhecimentos na formação do professor com a leitura do seguinte texto:

DUARTE, N. Conhecimento tácito e conhecimento escolar na formação do professor (Por que Donald Shön não entendeu Luria). Educação & Sociedade. Campinas. v. 24, n. 83, p. 601-625, ago. 2003. Disponível em: <http://www.scielo.br/pdf/es/v24n83/a15v2483.pdf>. Acesso em: 23 nov. 2009.

2. Com base nas aulas, na leitura do texto-base (Capítulo 1) e do texto sugerido para aprofundar seus estudos (Duarte, 2003), registre suas observações a respeito dos conhecimentos envolvidos na formação e no trabalho docente.

Atividade aplicada: prática

Procure conhecer professores que atuam em sua cidade, converse com pelo menos um deles e registre:
a. Que conhecimentos o professor considera importantes para fundamentar o trabalho pedagógico que realiza?
b. Como esses conhecimentos foram ou podem ser adquiridos?

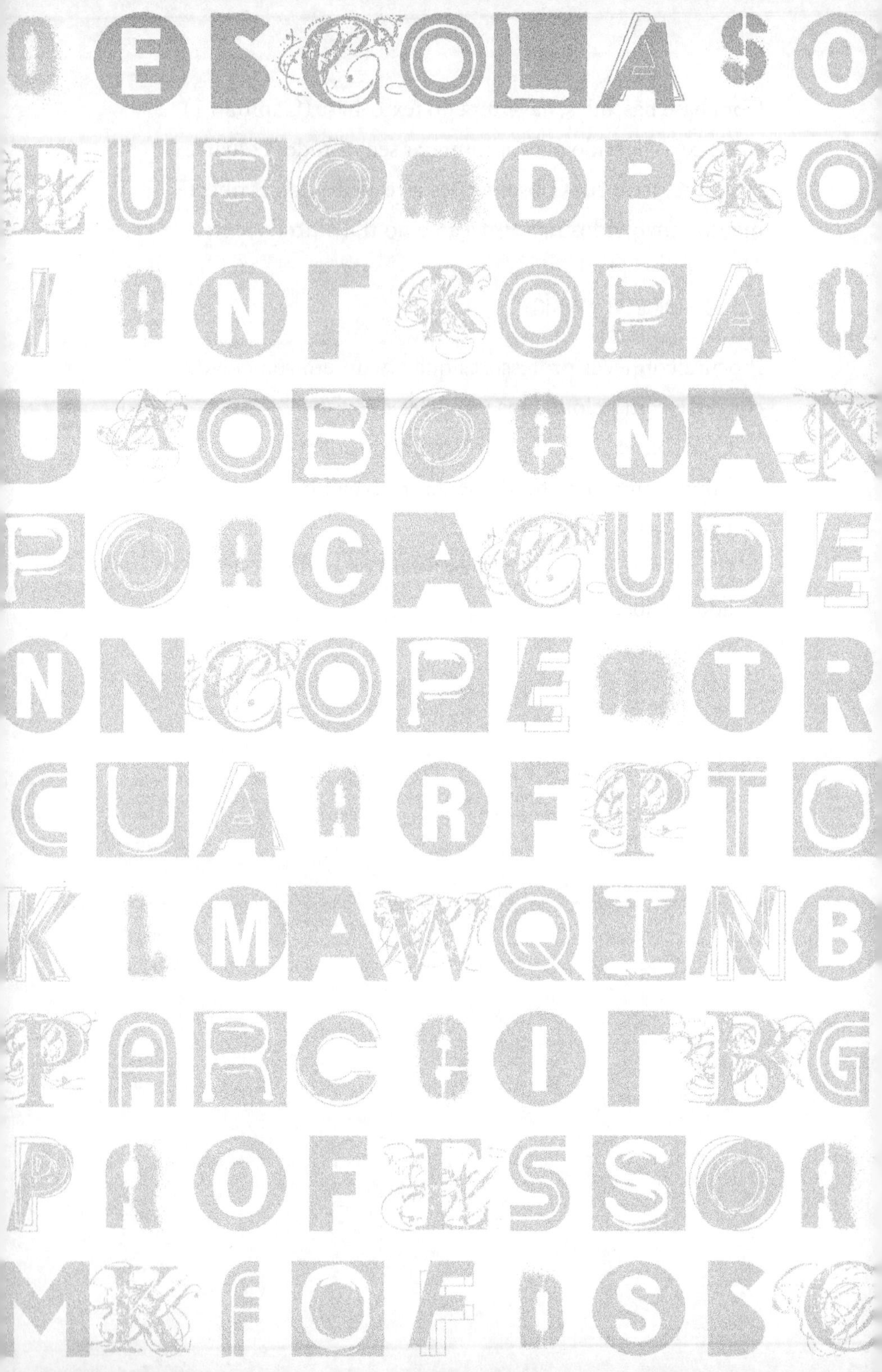

2
O papel do professor e sua formação em diferentes períodos da história da educação brasileira

Podemos verificar, em cada um dos períodos históricos da educação brasileira, que os conhecimentos que predominam e constituem a formação docente são diferentes. Assim, compreendemos que a base da formação docente (objetivos, conhecimentos privilegiados, concepção de educação adotada, metodologia etc.) está relacionada com o que se espera que seja o trabalho docente em determinado momento histórico.

> **preste atenção!** Então, neste capítulo, faremos um resgate histórico e discutiremos sobre a formação do professor e as características de seu trabalho ao longo desses diferentes períodos, para que possamos compreender o professor como sujeito histórico que tem suas ações condicionadas por múltiplas e complexas relações.

2.1 As tendências pedagógicas como expressão de diferentes momentos na formação docente

A questão da educação formal, pela via da escola, desde o seu surgimento até os dias atuais, não foi pensada, organizada e desenvolvida sempre da mesma forma. Diferentes momentos históricos apresentam características específicas que marcam a organização da educação em cada época. Uma das possíveis formas de se classificar esses períodos na história da educação brasileira é a identificação de tendências ou correntes pedagógicas.

De acordo com o *Dicionário Houaiss* (Houaiss; Villar, 2009) a palavra *tendência* pode significar:

> 1. *aquilo que leva alguém a seguir um determinado caminho ou a agir de certa forma; predisposição, propensão. 2. disposição natural; inclinação, vocação; 3. orientação comum de uma categoria determinada de pessoas; movimento; 4. evolução de algo num determinado sentido; direção, orientação; 5. força ou ação pela qual um corpo é levado a mover-se num determinado sentido.*

Dessa forma, em relação à nossa vida em sociedade, podemos perceber que existem determinados pensamentos, coisas, ações, linguagens, músicas etc. que caracterizam, de modo marcante ou hegemônico, diferentes momentos históricos.

Por exemplo, os anos 1960, no Brasil, foram marcados por movimentos de estudantes, trabalhadores, mulheres, negros e vários outros, numa onda de contestações políticas e culturais.

Esses movimentos modificaram comportamentos e estilos de vida como o uso da minissaia na moda ou a expansão do *rock and roll* na música, e tornaram esse período conhecido como "Os Anos Dourados". Portanto, *tendência*, na área social, se refere a uma direção, orientação ou característica que marca um determinado tempo histórico.

Ao nos referirmos à tendência pedagógica*, estamos nos referindo a uma direção ou orientação, com características marcantes, que foram mais fortes num determinado período histórico em relação à questão educacional. Portanto, nas teorias do conhecimento pedagógico, no que diz respeito à história da educação brasileira, podemos identificar algumas tendências pedagógicas que serão as referências para discutirmos aqui a constituição histórica do papel do professor e da sua formação.

Saiba + Você pode aprofundar seus conhecimentos sobre as tendências pedagógicas lendo os seguintes textos:

LIBÂNEO, J. C. Didática. São Paulo: Cortez, 1994.

MIZUKAMI, M. G. N. Ensino: as abordagens do processo. São Paulo: EPU, 1986.

SAVIANI, D. Escola e democracia. São Paulo: Autores Associados, 2002.

_____. Tendências e correntes da educação brasileira. In: Mendes, D. T. (Org.). Filosofia da educação brasileira. Rio de Janeiro: Civilização Brasileira, 1983.

De acordo com Saviani (2002, p. 3-5), as tendências pedagógicas podem ser classificadas em dois grandes grupos: tendências críticas e não críticas. A respeito do critério de criticidade como elemento central para a classificação das teorias pedagógicas, o autor explica:

> *Tomando como critério de criticidade a percepção dos condicionantes objetivos, denominarei as teorias do primeiro grupo "teorias não críticas", já que não encaram a educação como autônoma e buscam compreendê-la a partir dela mesma. Inversamente, aquelas do segundo grupo são críticas, uma vez que se empenham em compreender a educação remetendo-a sempre a seus condicionantes objetivos, isto é, à estrutura socioeconômica que determina a forma de manifestação do processo educativo.*

Entre as tendências não críticas são apontadas a pedagogia tradicional, a pedagogia escolanovista e a pedagogia tecnicista. Podemos dizer que essas tendências, em geral, não têm como referencial de análise a crítica à sociedade capitalista, ao contrário, suas propostas de ensino tendem a contribuir para a manutenção do sistema estabelecido. O fato de termos essa compreensão não significa que vamos desconsiderar o importante papel que estas tendências têm na história da educação brasileira, pois elas trouxeram, em alguns aspectos, rupturas com o modo de se pensar a educação. Por exemplo, a escola nova possibilitou o olhar do professor sobre o papel ativo do aluno na aprendizagem.

Já entre as tendências pedagógicas críticas, Saviani (2002) aponta a pedagogia libertária, a pedagogia libertadora, a pedagogia crítico-social dos conteúdos e a pedagogia histórico-crítica. Essas tendências podem ser consideradas progressistas porque suas propostas educacionais têm como pressuposto a crítica às relações sociais conforme estabelecidas no modo de produção capitalista. Têm a intenção de fortalecer um projeto contra-hegemônico de sociedade, ou seja, que vise à transformação social. Todavia, vale ressaltarmos que as tendências pedagógicas críticas não advogam a ideia de que a escola seria a única responsável pela transformação social, ao contrário, admitem seus limites nesse processo, mas não lhe retiram a possibilidade de contribuir, de alguma forma, com um projeto voltado à transformação social.

Cabe destacar que, além desses dois grupos, Saviani (2002) também ressalta a existência de tendências crítico-reprodutivistas da educação, dentre as quais as de maior repercussão podem ser consideradas: a teoria do sistema de ensino como violência simbólica, a teoria da escola como aparelho ideológico de Estado e a teoria da escola dualista. Essas teorias, embora sejam críticas, entendem que "a função básica da educação é a reprodução da sociedade" (Saviani, 2002, p. 5).

importante! Ou seja, ao considerar que a sociedade capitalista é dividida em classes, e entre elas se estabelecem relações sociais de dominação e exploração, tais teorias consideram que a escola, inserida nesse contexto, sempre legitima e reproduz no seu interior as desigualdades e as injustiças da sociedade.

Ressaltamos que as teorias crítico-reprodutivistas não serão objeto de análise deste livro, uma vez que essas teorias não apresentam uma proposta pedagógica relacionada à forma de organização e funcionamento da escola. A esse respeito, destaca Saviani (2002, p. 29):

Na verdade, essas teorias não contêm uma proposta pedagógica. Elas empenham-se tão somente em explicar o mecanismo de funcionamento da escola tal como está constituída. Em outros termos, pelo seu caráter reprodutivista, essas teorias consideram que a escola não poderia ser diferente do que é. Empenham-se, pois, em mostrar a necessidade lógica, social e histórica da escola existente na sociedade capitalista, pondo em evidência aquilo que ela desconhece e mascara: seus determinantes materiais.

Analisamos, até aqui, as diferentes tendências pedagógicas no campo da educação: críticas, não críticas e crítico-reprodutivistas. Em cada período histórico, sob a vigência de determinadas ideias pedagógicas, é possível identificar características marcantes da ação e da formação docente. Procuraremos, então, na continuidade deste capítulo, discutir algumas dessas características. Em outros termos, trata-se de discutir quem é o professor, seu papel na sociedade, as características do seu trabalho, os conhecimentos necessários à sua prática profissional e consequentemente como é definida a sua formação.

Portanto, nosso objetivo aqui é ressaltar os elementos sobre as tendências pedagógicas que nos auxiliam a compreender o papel do professor em cada uma delas. Essa compreensão é necessária para que possamos estabelecer relações entre o que é o trabalho docente e como se dá a sua formação.

2.1.1 O professor e sua formação nas tendências pedagógicas não críticas

Conforme dissemos anteriormente, destacaremos, no caso das tendências pedagógicas não críticas, o papel do professor e a sua formação nas pedagogias tradicional, escolanovista e tecnicista.

Até a década de 1930, podemos dizer que a pedagogia tradicional foi muito forte nos ideários pedagógicos das escolas brasileiras. De acordo com Ghiraldelli (1988, p. 31-32), é possível dizer que o Brasil pré-republicano conheceu apenas a pedagogia jesuítica, sendo que foi no período de transição do Império para a República que chegaram ao Brasil as teorias cientificistas do positivismo:

> *O amálgama formado pelas teorias educacionais ligadas às ideias americanas e alemãs e a velha tradição pedagógica jesuítica forjou aquilo que conhecemos como Pedagogia Tradicional brasileira. Tal pedagogia reinou inabalável durante quase toda a Primeira República (1889-1930). Em alguns momentos, foi fustigada, porém, nunca o bastante para sentir-se seriamente ameaçada.*

importante! De modo geral, essa tendência se caracteriza pela valorização do papel do professor como o mestre, como aquele que detém o conhecimento lógico, formal, erudito. Nessa visão, a escola tem o papel de transmitir

> conhecimentos, valores e regras morais com o intuito de formar um indivíduo que se adapte às normas vigentes de forma passiva, ou seja, sem questionamentos, refletindo o modo de pensar da época.

Embora o período de abrangência da predominância da pedagogia tradicional na história da educação brasileira seja bastante amplo e traga diferenças qualitativas no seu interior, podemos considerar que a metodologia de trabalho do professor nessa tendência era marcada predominantemente pelas aulas expositivas e pelo entendimento de que a memorização (decorar) era a forma adequada de aprender. Nas palavras de Saviani (2002, p. 6), o papel da escola na perspectiva tradicional é:

> *difundir a instrução, transmitir os conhecimentos acumulados pela humanidade e sistematizados logicamente. O mestre-escola será o artífice dessa grande obra. A escola organiza-se como uma agência centrada no professor, o qual transmite, segundo uma gradação lógica, o acervo cultural aos alunos. A estes cabe assimilar os conteúdos que lhes são transmitidos.*

O professor, portanto, na pedagogia tradicional, era considerado a autoridade máxima na sala de aula e respeitado socialmente pela função que assumia. Ele deveria ter um domínio efetivo dos conteúdos a serem transmitidos e uma ampla cultura geral. Em resumo, deveria ser um erudito. No entanto, no extenso período em que a pedagogia tradicional foi hegemônica na história da educação brasileira, o papel de professor foi assumido principalmente por padres e pessoas instruídas que, embora leigas, assumiam essa função. Aos alunos cabia a tarefa de assistir as aulas atentamente e realizar as atividades propostas de forma extremamente disciplinada.

A formação dos professores passa a ser organizada de maneira sistemática apenas após a vinda da família real para o Brasil, em 1808; então, como consequência da preocupação com a escolarização, origina-se em 1835 a primeira escola normal brasileira. A esse respeito esclarece Tanuri (2000, p. 64) ao citar Moacyr (1939b, p. 191):

> *A primeira escola normal brasileira foi criada na Província do Rio de Janeiro, pela Lei nº 10, de 1835, que determinava: "Haverá na capital da Província uma escola normal para nela se habilitarem as pessoas que se destinarem ao magistério da instrução primária e os professores atualmente existentes que não tiverem adquirido necessária instrução nas escolas de ensino mútuo, na conformidade da Lei de 15/10/1827." A escola seria regida por um diretor, que exerceria também a função de professor, e contemplaria o seguinte currículo: ler e escrever pelo método lancasteriano[*]; as quatro operações e proporções; a língua nacional; elementos de geografia; princípios de moral cristã. Os pré-requisitos para ingresso limitavam-se a: "ser cidadão brasileiro, ter 18 anos de idade, boa morigeração[**], e saber ler e escrever".*

* Sobre o método lancasteriano, destacamos que se baseava no ensino mútuo, ou seja, na possibilidade de que um aluno mais adiantado auxiliasse os colegas.

** De acordo com o Dicionário Houaiss (Houaiss; Villar, 2009), *morigeração* significa "polidez, zelo nas ações, nos gestos e no trato com outrem; boa educação".

Entretanto, conforme ressalta a própria autora (2000, p. 64), essa escola não perdurou, sendo suprimida em 1849.

Após este período, como iniciativas isoladas por todo o país, foram criadas outras escolas com a função de formação de professores, que, embora distantes entre si, mantinham algumas semelhanças em relação aos seus currículos e às condições estruturais de funcionamento. Sobre as características comuns aos cursos criados nesse período, Tanuri (2000, p. 65) ressalta:

> *A organização didática do curso era extremamente simples, apresentando, via de regra, um ou dois professores para todas as disciplinas e um curso de dois anos, o que se ampliou ligeiramente até o final do Império. O currículo era bastante rudimentar, não ultrapassando o nível e o conteúdo dos estudos primários, acrescido de rudimentar formação pedagógica, esta limitada a uma única disciplina (Pedagogia ou Métodos de Ensino) e de caráter essencialmente prescritivo. A infraestrutura disponível, tanto no que se refere ao prédio, como a instalação e equipamento, é objeto de constantes críticas nos documentos da época. A frequência foi reduzidíssima, muito embora a legislação das diversas províncias proporcionasse provimento nas cadeiras do ensino primário aos egressos das escolas normais independentemente de concurso. Nessas condições, tais escolas foram frequentemente fechadas por falta de alunos ou por descontinuidade administrativa, e submetidas a constantes medidas de criação e extinção, só conseguindo subsistir a partir dos anos finais do Império.*

Portanto, conforme podemos observar a partir da citação da autora, a formação dos professores nesta época foi bastante fragilizada, tanto nas questões curriculares quanto em relação à estrutura física para o funcionamento dos cursos. A exigência da formação desses profissionais, nos anos que antecederam a Proclamação da República, foi resultado de todo um movimento de reivindicação em relação à "popularização do ensino" como condição para o desenvolvimento social e econômico do país. De modo geral defendeu-se "a obrigatoriedade da instrução elementar, a liberdade de ensino em todos os níveis e a cooperação do poder central no âmbito da instrução primária e secundária nas províncias."

Também é importante observar que foi nos anos que antecederam a Proclamação da República que as mulheres passaram a ter a possibilidade de frequentar as escolas normais e exercer o magistério. Tanuri (2000, p. 66) aponta algumas razões do ingresso das mulheres na profissão docente da época:

> *De um lado, o magistério era a única profissão que conciliava as funções domésticas da mulher, tradicionalmente cultivadas, os preconceitos que bloqueavam a sua profissionalização, com o movimento em favor de sua ilustração, já iniciado nos anos 70. De outra parte, o magistério feminino apresentava-se como solução para o problema de mão de obra para a escola primária, pouco procurada pelo elemento masculino em vista da reduzida remuneração.*

Neste período, de modo geral, as escolas normais eram inferiores aos cursos de nível secundário, sendo consideradas, segundo Tanuri (2000, p. 67), "escolas primárias superiores, cujo currículo abrangia as matérias do ensino primário, uma ou duas disciplinas pedagógicas e, em alguns casos, havia também as disciplinas de legislação e administração educacional".

Assim, apenas depois de proclamada a República no Brasil, em 1888, é que foram criados os primeiros grupos escolares, e ==passou a haver a exigência de que os professores tivessem o curso normal como formação para lecionar==.

A partir da década de 1930, acirraram-se as críticas ao modelo da escola tradicional, que não estava mais respondendo às demandas sociais da época. De acordo com Saviani (2002, p. 6-7):

> *A referida escola, além de não conseguir realizar seu desiderato de universalização (nem todos nela ingressavam, e mesmo os que ingressavam nem sempre eram bem-sucedidos) ainda teve de curvar-se ante o fato de que nem todos os bem-sucedidos se ajustavam ao tipo de sociedade que se queria consolidar.*

Cabe ressaltar ainda que, a partir desta década, se ampliou o processo de industrialização no Brasil, o que implicou a maior necessidade de que mais pessoas tivessem acesso à escolarização, mais especificamente à leitura e à escrita. Essa é uma demanda que se estabeleceu não apenas devido ao desenvolvimento do capitalismo no país, mas também como uma reivindicação das classes populares. Se a educação, anteriormente, era privilégio de uma minoria (as elites), agora era necessário ampliá-la para atender às novas necessidades da sociedade brasileira.

A partir desse momento, constituiu-se um movimento de reforma no campo educacional chamado de *pedagogia da escola nova* ou *escolanovismo*. Essa tendência pedagógica teve por princípio o respeito às diferenças individuais dos educandos. Assim, a educação tinha como objetivo mais amplo contribuir para a construção de uma sociedade em que as pessoas aceitassem as diferenças, aprendessem a respeitar e a conviver umas com as outras. No entanto, por trás do respeito às individualidades e às dificuldades de cada aluno, essa visão da educação pode mascarar a compreensão de que nem sempre tais diferenças são algo natural ou biologicamente determinado. Por exemplo: a não aprendizagem de uma criança poderia não ser apenas resultado do seu ritmo lento para aprender, mas refletir as condições socioeconômicas precárias em que ela vive e que não lhe permitem o acompanhamento do processo ensino-aprendizagem. Afinal, sem se alimentar de forma devida ou sem ter local adequado e material necessário para realizar suas tarefas escolares, a criança não teria as mesmas condições de desenvolvimento educacional do que outras crianças em situações mais favoráveis.

Para que você possa entender melhor os aspectos das tendências não críticas, colocaremos a forma como Saviani (2002, p. 9) sintetiza alguns aspectos principais da tendência escolanovista:

> *essa maneira de entender a educação, por referência à Pedagogia Tradicional, tenha deslocado o eixo da questão pedagógica do intelecto para o sentimento; do aspecto lógico para o psicológico; dos conteúdos cognitivos para os*

métodos ou processos pedagógicos; do professor para o aluno; do esforço para o interesse; da disciplina para a espontaneidade; do diretivismo para o não diretivismo; da quantidade para a qualidade; de uma pedagogia de inspiração filosófica centrada na ciência da lógica para uma pedagogia de inspiração experimental baseada principalmente nas contribuições da biologia e da psicologia. Em suma, trata-se uma teoria pedagógica que considera que o importante não é aprender, mas sim aprender a aprender.

Dessa forma, o foco da escola era o aluno, seu processo de aprendizagem, marcado por suas experiências de vida, seus interesses e sua motivação. Essa compreensão colocou em segundo plano a importância do que se aprendia, e o professor passou a ser considerado o **facilitador da aprendizagem**, aquele que é responsável por organizar a sala de aula, o ambiente, de forma adequada e estimulante ao interesse do aluno. Na tarefa de estimular e orientar a aprendizagem, esperava-se que o professor fosse atencioso, atento às diferenças individuais entre os alunos, criativo, alegre e compreensivo. Assim, a aprendizagem se daria naturalmente, em decorrência do ambiente estimulador e das relações estabelecidas entre os próprios alunos e destes com o professor. Dessa forma, de uma tendência diretivista (a pedagogia tradicional), em que o professor era o responsável por dar a direção e conduzir o processo ensino-aprendizagem, passa-se a uma tendência não diretivista (a pedagogia escolanovista) em que o foco passou a ser a aprendizagem do aluno, e não mais o ensino.

Para que a escola pudesse se organizar nessa perspectiva, seria necessário que o professor pudesse trabalhar com grupos reduzidos de alunos, de forma que o atendimento individualizado fosse de fato possível. Assim, a proposta da escola nova exigia uma gama de recursos pedagógicos diferenciados e adequados ao trabalho pedagógico que se pretendia desenvolver.

É importante ressaltarmos também, em termos da história da educação brasileira, que é de 1961 a nossa primeira Lei de Diretrizes e Bases da Educação Nacional – LDBEN – , e que esta lei traz implícitos no seu conteúdo os pressupostos escolanovistas, influenciando de modo geral a educação no país.

Podemos afirmar, com base em Tanuri (2000, p. 72), que "a 'nova' orientação do ensino requeria conhecimentos sobre o desenvolvimento e a natureza da criança, os métodos e técnicas de ensino a ela adaptados e os amplos fins do processo educativo". Então, já na década de 1930, as escolas normais haviam ampliado consideravelmente a duração e o nível de seus estudos, articulando-se com o curso secundário. Houve também o alargamento da formação profissional propriamente dita, por meio da introdução de disciplinas, princípios e práticas inspirados no escolanovismo. Neste período as escolas-modelo ou escolas de aplicação* anexas, também possibilitavam o aperfeiçoamento da formação docente.

* As escolas-modelo ou escolas de aplicação eram as escolas de ensino primário que funcionavam junto às escolas normais e serviam como espaços para o que conhecemos hoje como *práticas de estágio*. Assim, os alunos do curso normal tinham a possibilidade de aplicar os conhecimentos desenvolvidos no curso.

Ainda de acordo com a autora, são palavras-chave da época *escola nova, ensino ativo, método analítico, testes e medidas*, e:

> *a literatura pedagógica, até então voltada quase que exclusivamente para uma abordagem ampla dos problemas educacionais, de uma perspectiva social e política, passa*

a tratar os problemas educacionais de um ponto de vista técnico, "científico", e a contemplar, desde questões teóricas e práticas do âmbito intra-escolar, até abordagens pedagógicas mais amplas, da perspectiva da escola renovada.

Apesar dos avanços identificados nesse período, no que diz respeito à expansão e aos conteúdos do currículo de formação de professores, a escolarização da população brasileira, no início da década de 1960, ainda era feita por profissionais leigos (aqueles que não tinham formação específica para atuar como docente), quase que em sua maioria. Conforme revelam os dados do Censo Escolar de 1964, destacados por Tanuri (2000, p. 77):

> *O Censo Escolar de 1964 iria revelar que dos 289.865 professores primários em regência de classe em 1964, apenas 161.996, ou seja, 56%, tinham realizado curso de formação profissional. Dos 44% de professores leigos, 71,60% tinham apenas curso primário (completo ou incompleto); 13,7%, ginasial (completo ou incompleto); 14,6%, curso colegial (completo ou incompleto). (Brasil, 1967)*

E, em relação à Escola Nova, Saviani (2002, p. 11) indica que a educação pública em geral, por um lado, se tornou dominante como concepção teórica; por outro lado, não conseguiu resolver o problema da marginalidade, pois os ideais escolanovistas não se concretizaram em relação à maioria da população, já que a efetivação de suas propostas demandava grande investimento financeiro.

pense a respeito! Não seria possível, como você deve ter percebido, que apenas uma determinada tendência pedagógica existisse. Então, a partir das características que já abordamos, você conseguiria pressupor, de acordo com o período histórico, as características dos outros tipos de tendência que vieram?

No período que corresponde à ditadura militar no Brasil, houve o fortalecimento de uma tendência pedagógica intitulada *pedagogia tecnicista*, que teve como pressupostos os princípios de neutralidade científica, racionalidade, eficiência e produtividade, baseando-se na ideia de que o objetivo da escola era, prioritariamente, formar mão de obra qualificada para o mercado de trabalho. Ou seja, a escola passou a se voltar para a formação dos trabalhadores adaptáveis à lógica capitalista, capazes de contribuir para o aumento da produtividade da fábrica e da sociedade em geral.

Essa perspectiva pretendia organizar a escola de forma racional, procurando diminuir as influências das subjetividades envolvidas no processo ensino-aprendizagem (as vontades e necessidades de professores e alunos) a fim de garantir a eficácia e a eficiência desse processo. As propostas pedagógicas enfatizadas nessa tendência, segundo Saviani (2002, p. 12), foram o enfoque sistêmico, o microensino, o tele-ensino, a instrução programada, as máquinas de ensinar etc. que enfatizaram a utilização de recursos audiovisuais, o treinamento e a autoaprendizagem do aluno.

Sobre a tendência tecnicista, Saviani (2002, p. 13) indica suas principais características:

> *na pedagogia tecnicista, o elemento principal passa a ser a organização racional dos meios, ocupando o professor e o aluno posição secundária, relegados que são a condição de executores de um processo cuja a concepção, planejamento, coordenação e controle ficam a cargo de especialistas supostamente habilitados, neutros, objetivos, imparciais. A organização do processo converte-se na garantia da eficiência, compensando e corrigindo as deficiências do professor e maximizando os efeitos de sua intervenção.*

Nesse entendimento o professor passou a ter seu papel relacionado ao **saber utilizar** de forma adequada os recursos tecnológicos e as estratégias metodológicas a fim de otimizar a aprendizagem dos alunos. Enquanto na pedagogia escolanovista o lema era o **aprender a aprender**, na pedagogia tecnicista o foco se transformou no **aprender a fazer**. O processo ensino-aprendizagem passou a ser mais importante do que o próprio conteúdo a ser ensinado, definindo as ações tanto do professor quanto do aluno. Nesse sentido, o professor passou a ter o seu trabalho perpassado por questões burocráticas e administrativas, precisando seguir instruções minuciosas para o desenvolvimento das suas aulas e se submeter às orientações dos especialistas em educação no âmbito da escola, como o supervisor escolar. A pedagogia tecnicista procurou utilizar os princípios de organização de fábricas e de empresas na escola, deixando em segundo plano as especificidades da educação, como um processo de formação humana, e não apenas de formação restrita para o mercado de trabalho.

É também importante ressaltarmos que, nesse período, a LDBEN – Lei nº 5.692/1971*–, que reforma o ensino de primeiro e segundo graus** no Brasil, no que diz respeito à formação de professores, transformou o curso normal em uma habilitação dos cursos profissionalizantes, no âmbito do segundo grau, excluindo a possibilidade da formação de professores no primeiro grau, como era possível anteriormente.

* Revogada pela Lei nº 9.394/1996.

** Esses níveis de ensino correspondiam ao primário, ao ginásio e ao secundário e atualmente, sob a vigência da Lei nº 9.394/1996, são chamados de *ensino fundamental* e *ensino médio*.

Ainda que possamos considerar a elevação da formação do professor ao segundo grau como um avanço nesse período, a lógica da pedagogia tecnicista apresentou-se no curso de formação de professores por meio da fragmentação do currículo (separando as disciplinas pedagógicas das de base comum no decorrer do curso), das disciplinas (fragmentadas por especialidades como, por exemplo, a psicologia geral, do desenvolvimento e da aprendizagem) e das habilitações (para atuar com as 1ª e 2ª séries, 3ª e 4ª séries, pré-escola).

Segundo Tanuri (2000, p. 81-85), existem vários estudos que apontam "o esvaziamento, a desmontagem, a destruição, a perda de identidade, ou a descaracterização sofrida pela escola normal no período". Esses estudos indicam que houve uma considerável queda na procura do curso, fechamento de inúmeros cursos e descaso das políticas nacionais e estaduais em relação à formação de professores. Sintetizando sua compreensão a respeito do período da escola tecnicista em nosso país, no que diz respeito à formação de professores, a autora indica que:

> Apesar de todas as iniciativas registradas nas duas últimas décadas, o esforço ainda se configurava bastante pequeno no sentido de investir de modo consistente e efetivo na qualidade da formação docente. O mais grave é que as falhas na política de formação se faziam acompanhar de ausência de ações governamentais adequadas pertinentes à carreira e à remuneração do professor, o que acabava por se refletir na desvalorização social da profissão docente, com consequências drásticas para a qualidade do ensino em todos os níveis.

Assim, a pedagogia tecnicista não trouxe avanços qualitativos para a configuração da profissão, seja no que diz respeito à prática pedagógica desenvolvida nas escolas, seja no que diz respeito à formação inicial dos professores. Além disso, como ressalta Saviani (2002, p. 15), essa pedagogia colaborou para "aumentar o caos no campo educativo", isso se deve ao fato de ter contribuído com o fortalecimento da descontinuidade, da heterogeneidade e da fragmentação do trabalho pedagógico.

importante! Concluindo este item, ressaltamos que o período da história da educação brasileira, representado pelas tendências pedagógicas não críticas, foi importante para a constituição do trabalho docente como profissão no Brasil e para o estabelecimento das bases fundantes da formação de professores no nosso país,

especialmente a respeito da obrigatoriedade
em relação à formação inicial desse
profissional.

2.1.2 O professor e sua formação nas tendências pedagógicas críticas

Ao contrário das tendências pedagógicas não críticas, as pedagogias consideradas críticas, em comum, caracterizaram-se por levar em consideração os condicionantes sociais, econômicos, políticos e culturais da educação e também por entenderem que a escola, além de influenciada por esses condicionantes, pode ter um papel, mesmo sob limites, na direção de contribuir para a construção de um projeto de transformação social.

A partir dos anos 1980, no Brasil se fortaleceu a crítica à ditadura estabelecida desde o Golpe Militar de 1964. Nessa década se estabeleceu o processo de elaboração da nova Constituição, que foi promulgada em 1988, e o período que se iniciou foi marcado por diversos movimentos sociais, trazendo novas configurações para a sociedade como um todo, e em especial para a educação. Em relação a esse momento histórico, Saviani (2007, p. 411) destaca:

> *O processo de abertura democrática; a ascensão às prefeituras e aos governos estaduais de candidatos pertencentes a partidos de oposição ao governo militar; a campanha reivindicando eleições diretas para o presidente da República; a transição para um governo civil em nível federal; a organização e mobilização dos educadores; as conferências*

brasileiras de educação; a produção científica crítica desenvolvida nos programas de pós-graduação em educação; o incremento de circulação de ideias pedagógicas propiciado pela criação de novos veículos. Eis aí um conjunto de fatores que marcaram a década de 1980 como um momento privilegiado para a emersão de propostas pedagógicas contra-hegemônicas.

As mudanças que aconteceram a partir desse período, na educação brasileira, não ocorreram independentemente das relações mais amplas que se estabeleceram na sociedade como um todo. As críticas às tendências pedagógicas não críticas que se fortaleceram a partir desse momento histórico, tiveram em comum a preocupação com uma educação comprometida com os interesses da maioria da população em busca de uma sociedade que não fosse desigual e injusta. Então, nesse contexto se fortaleceram pedagogias como a libertadora (Paulo Freire), a crítico-social dos conteúdos (José Carlos Libâneo) e a histórico-crítica (Dermeval Saviani). E, embora com diferenças significativas nas suas abordagens, todas foram e são, ainda hoje, reconhecidas como tendências pedagógicas que buscaram propor e organizar práticas educacionais numa direção contra-hegêmonica. Ou seja, em comum tais pedagogias propuseram práticas educacionais baseadas na crítica às relações sociais estabelecidas e voltaram-se para um projeto de transformação social.

A respeito das diferenças e semelhanças entre essas tendências pedagógicas, Snyders (1974, p. 193), citado por Saviani (2007, p. 412) reforça que:

> *as ideias pedagógicas contra-hegemônicas também continham certa ambiguidade e, de qualquer modo, revestiam-se de uma heterogeneidade que ia desde os liberais progressistas até os radicais anarquistas, passando pela concepção libertadora e por uma preocupação com uma fundamentação marxista. Assim, parece apropriado considerar, como Snyders, que, se há uma denominação que poderia abranger o conjunto das propostas contra-hegemônicas, seria a expressão "pedagogias de esquerda" e não "pedagogia marxista ou revolucionária": uma pedagogia "de esquerda", com toda a vagueza "que o termo comporta, e também com todas as esperanças de entendimento, de união de que o termo está carregado".*

De forma ampla, Saviani (2007, p. 412) agrupa as tendências pedagógicas críticas em duas modalidades: a primeira teria seu centro no saber do povo, preocupando-se com a autonomia das suas organizações. E a segunda modalidade seria centrada na educação escolar. Entre as pedagogias que fazem parte da primeira modalidade estão a pedagogia libertária e a pedagogia libertadora.

pense a respeito! Você já parou para se perguntar qual seria o papel do professor nesses contextos?

A pedagogia libertária se desenvolveu no Brasil no final do século XIX e, de acordo com Pascal (2006), foi um aspecto relevante da ação anarquista no Brasil:

> os libertários opunham-se tanto às formas de produção capitalistas como ao comunismo autoritário, contestando a existência do próprio Estado, e propondo a autogestão. A pedagogia libertária neste contexto tinha enorme importância já que contribuía para a consciência e emancipação da classe trabalhadora.

Segundo informações levantadas pela autora, no Brasil, a primeira escola baseada na pedagogia libertária surgiu em 1895, no Rio Grande do Sul (a chamada *União Operária*). Em São Paulo, foram criadas duas escolas modernas, a primeira em 1912. Entretanto, ainda de acordo com Pascal (2006), essa experiência teve curto período de duração:

> *Em São Paulo, as Escolas Modernas foram fechadas pela polícia em 1919, acusadas de propagar perigosa ideologia, num momento em que o movimento libertário sofria extrema repressão do Estado Brasileiro. Combatidos pelo capitalismo e comunismo, consideravam que a educação, criando uma nova consciência, mudaria as relações cotidianas e representações sociais, estruturando uma outra sociedade, na qual a hierarquia, as diferenças sociais e formas de poder não sobreviveriam.*

Assim, em geral, é possível afirmar que a tendência libertária teve seus fundamentos relacionados com os princípios do anarquismo, da autogestão, e geralmente se assumiam como "pedagogia da prática". O papel do professor nessa tendência pedagógica está relacionado com "a direção do processo, deslocando-se o eixo da questão pedagógica do interior das relações entre professores, métodos e alunos para a prática social, recuperando-se a criatividade de professores e alunos" (Saviani, 2007, p. 414).

Já a pedagogia libertadora, que teve Paulo Freire como principal representante, tem suas origens nos anos de 1960 e 1970, em plena ditadura militar no Brasil. Para essa tendência pedagógica, o ato educativo tinha por finalidade a discussão de temas sociais e políticos relacionados ao contexto vivenciado pelos alunos, "tendo em vista a ação coletiva frente a esses problemas e realidades" (Libâneo, 1991, p. 69).

O professor era visto como orientador das atividades que deveriam ser organizadas em conjunto com os alunos. O foco do processo educacional não era diretamente o conhecimento sistematizado, mas o processo de participação ativa dos alunos nas atividades e debates desenvolvidos por meio de temas geradores.

A segunda modalidade das **tendências pedagógicas progressistas**, conforme definição de Saviani (2007), teve sua base na educação formal, mais especificamente no papel da escola para o acesso ao conhecimento sistematizado. Nesse grupo, encontramos as pedagogias crítico-social dos conteúdos e histórico-crítica. Sobre a primeira podemos ressaltar a preocupação com conteúdos significativos e uma metodologia que envolvia os educandos de forma ativa com o processo ensino-aprendizagem. De acordo com Libâneo (1991, p. 70), essa pedagogia:

> *postula para o ensino a tarefa de propiciar aos alunos o desenvolvimento de suas capacidades e habilidades intelectuais, mediante a transmissão e assimilação ativa dos conteúdos escolares articulando, no mesmo processo, a aquisição de noções sistematizadas e as qualidades individuais dos alunos que lhes possibilitam a autoatividade e a busca independente e criativa das noções.*

Nessa perspectiva o papel do professor está relacionado com a proposição de atividades e encaminhamentos que possibilitem ao aluno ultrapassar os limites da sua experiência e vivência cotidiana por meio do acesso aos conhecimentos sistematizados. Dessa forma, o trabalho docente deverá, entre outras coisas, possibilitar aos alunos o domínio duradouro dos conhecimentos científicos; desenvolver a autonomia no processo de aprendizagem; estimular o interesse pelo estudo; incentivar o posicionamento crítico em relação aos problemas da realidade (Libâneo, 1991, p. 71-73).

> Na perspectiva da pedagogia histórico-crítica havia o entendimento de que caberia à escola a "tarefa de transmissão do conhecimento objetivo, a tarefa de possibilitar aos educandos o acesso à verdade" (Duarte, 2001, p. 5).

A pedagogia histórico-crítica, por sua vez, apontou para a necessidade de que as classes trabalhadoras se apropriassem dos conhecimentos científicos/elaborados, e essa apropriação foi entendida como possibilidade de maior compreensão e maiores possibilidades de intervenção sobre a realidade. Saviani (2002, p. 69) apresenta a seguinte compreensão sobre essa tendência pedagógica:

> *Uma pedagogia articulada com os interesses populares valorizará, pois, a escola; não será indiferente ao que ocorre em seu interior; estará empenhada em que a escola funcione bem; portanto, estará interessada em métodos de ensino eficazes. Tais métodos se situarão para além dos métodos tradicionais e novos, superando por incorporação as contribuições de uns e de outros. Portanto, serão métodos que estimularão a atividade e a iniciativa dos alunos sem abrir mão, porém, da iniciativa do professor; favorecerão o diálogo dos alunos entre si e com o professor, mas sem deixar de valorizar o diálogo com a cultura acumulada historicamente; levarão em conta os interesses dos alunos, os ritmos de aprendizagem e o desenvolvimento psicológico, mas sem perder de vista a sistematização lógica dos conhecimentos, sua ordenação e gradação para efeitos do processo de transmissão-assimilação dos conteúdos cognitivos.*

Sobre o método de ensino na perspectiva da **pedagogia histórico-crítica**, o autor ressalta que o ponto de partida do ensino deveria ser a própria realidade (prática social), e também enfatiza sobre a necessidade de identificar os problemas postos por essa mesma realidade (problematização); o que deveria levar a uma definição sobre os conhecimentos que devem ser dominados para que tais questões possam ser resolvidas (instrumentalização); tal instrumentalização poderá permitir que se dê a incorporação dos instrumentos culturais (catarse), que podem contribuir para o agir intencional sobre a realidade propiciando que se retorne à realidade (nova prática social). Assim a prática social, a realidade, é o ponto de partida e o ponto de chegada do processo ensino-aprendizagem.

Assim, a função social da escola e, consequentemente, do trabalho do professor está relacionada com as possibilidades de socialização do conhecimento elaborado, historicamente produzido, mesmo que essas possibilidades estejam condicionadas pelos limites interpostos pela sociedade capitalista. Saviani (2007, p. 419) indica que esse entendimento a respeito da escola e do papel do professor baseia-se nos fundamentos "da concepção dialética, especificamente na versão do materialismo histórico, tendo fortes afinidades, no que se refere às suas bases psicológicas, com a psicologia histórico-cultural desenvolvida pela Escola de Vygotsky."

Portanto, o professor, na tendência pedagógica histórico-crítica, assumiu o papel de mediador no processo ensino-aprendizagem, entre os conhecimentos que o aluno traz da sua vivência cotidiana e os conhecimentos científicos. Com base nos fundamentos do materialismo histórico*, podemos compreender que o ser humano é um sujeito histórico, síntese de múltiplas relações. Nesse sentido, o professor precisa compreender o aluno como um ser concreto, inserido no movimento complexo e contraditório da realidade em que

* Alguns dos principais autores nesta concepção são: Marx, Lênin, Gramsci, Manacorda, Pistrak, Suchodoisky. Você pode consultá-los para se aprofundar.

vive. Realidade essa que, por sua vez, estabelece as condições e influencia as possibilidades de o aluno aprender ou não.

Ao professor também, nessa tendência, com base na psicologia histórico-cultural**, coube o papel de organizar o processo ensino-aprendizagem considerando a interação entre professor e aluno e entre os próprios alunos, como condição imprescindível para que a aprendizagem ocorresse de forma significativa. Para tanto, foi necessário pensar e organizar os tempos e espaços escolares de forma a possibilitar que essa interação no processo ensino-aprendizagem se desse de forma adequada em relação aos conhecimentos/conteúdos que deveriam ser aprendidos pelos alunos.

** Os autores importantes nesta concepção são: Vygotsky, Luria, Leontiev.

> O professor precisa compreender o aluno como um ser concreto, inserido no movimento complexo e contraditório da realidade em que vive.

Em síntese, a pedagogia histórico-crítica primou por um ensino com base na relação entre teoria e prática, ou seja, na práxis, e, nesse sentido, exigiu-se que o professor tivesse uma sólida formação teórico-metodológica que lhe daria sustentação para buscar efetivar a prática pedagógica, no sentido de trabalhar com os conteúdos de ensino, de forma contextualizada, com cunho histórico e comprometida com um projeto mais amplo de transformação social.

pense a respeito

Mas será que essas tendências progressistas influenciaram de fato a educação brasileira e a formação dos educadores?

Essa é uma questão que já norteou as investigações de alguns pesquisadores na área educacional. De modo geral, podemos afirmar que a difusão das ideias das pedagogias progressistas, principalmente a partir do final dos anos 1980, influenciou a reestruturação dos currículos da educação básica de alguns estados e municípios brasileiros, bem como dos cursos de formação inicial de professores. Experiências como as chamadas *Escola Cidadã*, em Porto Alegre, *Escola Cabana*, em Belém, e *Escola Plural*, em Belo Horizonte, ficaram conhecidas por buscar a reorganização curricular numa perspectiva progressista.

Em relação aos cursos de formação inicial de professores para atuar na educação infantil e nos anos iniciais do ensino fundamental, podemos afirmar que, a partir desse período, eles passaram a se preocupar com uma formação de professores que aliasse a competência técnica ao compromisso político em relação à busca da garantia da educação de qualidade para a maioria da população.

Já na década de 1990, houve uma forte reconfiguração no campo político e na economia brasileira, em que ganharam força os princípios neoliberais da privatização, da terceirização, da competitividade e da equidade. Esses princípios acabaram por subsidiar a realização de reformas em vários campos, como na saúde, na política, na previdência e, inclusive, na educação.

Destacamos, de acordo com Fogaça (1999, p. 67), algumas medidas tomadas na área educacional a partir de 1994: a melhoria da qualidade de ensino via reestruturação dos conteúdos curriculares; a avaliação de desempenho do sistema educacional; a revalorização do magistério; a eficiência do sistema através da descentralização da gestão dos sistemas e unidades escolares; o fim da pedagogia da repetência, assegurando ao menos a conclusão do ensino fundamental. Ainda de acordo com o autor, o discurso aparentemente modernizador da década de 1990 deu suporte a "políticas econômicas de caráter recessivo e políticas sociais inócuas ou de baixa eficácia". Isso se deve ao fato de que muitas ações que passam a ser realizadas no âmbito das políticas educacionais pouco influenciaram a qualidade da educação pública ofertada, como a implantação dos Parâmetros Curriculares Nacionais – PCN ou das avaliações centralizadas pelo MEC, como o Sistema de Avaliação da Educação Básica – Saeb.

Nesse período houve um grande avanço no âmbito da ciência e da tecnologia, influenciando diretamente a reestruturação produtiva, além de alterações significativas nos processos de trabalho que, de centrado nas bases da eletromecânica, passou aos procedimentos mais flexíveis, com base na microeletrônica. Segundo Kuenzer (1999, p. 169), esse movimento atingiu todos os setores da vida social e produtiva nas últimas décadas, passando a exigir o desenvolvimento de novas habilidades cognitivas e comportamentais dos trabalhadores, tais como:

> *análise, síntese, estabelecimento de relações, rapidez de respostas e criatividade em face de situações desconhecidas, comunicação clara e precisa, interpretação e uso de diferentes formas de linguagem, capacidade para trabalhar em grupo, gerenciar processos, eleger prioridades,*

criticar respostas, avaliar procedimentos, resistir a pressões, enfrentar mudanças permanentes, aliar raciocínio lógico formal à instituição criadora, estudar continuamente, e assim por diante.

Assim, esse novo modelo de homem passou também a exigir um novo modelo de educação e, consequentemente, de professor. Então, na perspectiva da reforma educacional dos anos 1990, o professor passou a assumir um protagonismo fundamental, na medida em que se passou a acreditar, de modo geral, que dele dependia a formação de indivíduos com as competências adequadas ao mercado de trabalho. E, ao mesmo tempo, paradoxalmente, o professor passou a ser visto como o culpado por todas as mazelas do sistema educacional: a não aprendizagem, a reprovação, a evasão escolar, entre outras. Para que o professor fosse capaz de formar o cidadão produtivo, na perspectiva das reformas educacionais deste período, o conteúdo de ensino deveria estar centrado em elementos da prática imediata, voltando-se para o ensino do que pode ser aplicável e útil.

Desse modo, nasceu a necessidade de rever a formação de professores para que pudessem dar conta de atender às demandas do momento. Shiroma et al. (2004, p. 99) destacam que as políticas educacionais desse período, voltadas para a formação de professores, passam a ter como norte a ideia de que a profissionalização docente exige um professor

> O professor também passou a ser visto como o culpado por todas as mazelas do sistema educacional: a não aprendizagem, a reprovação, a evasão escolar, entre outras.

que saiba fazer, que supere o suposto descompasso entre sua prática de ensino e a vida.

> **pense a respeito**
> E, em meio a tantas transformações, você acredita que a legislação teria de se alterar também ou a legislação vigente daria conta dessa nova concepção de escola e de professor?

Em meio ao contexto das reformas educacionais na década de 1990, em relação à formação dos professores para atuar na educação infantil e nos anos iniciais do ensino fundamental, houve o processo de discussão, elaboração e aprovação da LDBEN de 1996, que foi marcado por diferentes posicionamentos e manifestações quanto à definição sobre os objetivos da formação inicial do professor. A discussão se centrou na definição do nível em que a formação deveria se dar (em nível médio ou superior?), e em que espaço/lugar deveria acontecer (nas universidades ou nos institutos superiores de educação?).

Saiba + Para maiores detalhes em relação ao processo de tramitação do projeto de lei para as diretrizes e bases da educação nacional, você pode consultar:

SAVIANI, D. A nova Lei da Educação: trajetória, limites e perspectivas. Campinas: Autores Associados, 2003.

Em relação à questão do nível de ensino para a formação de professores, na educação infantil e nos anos iniciais do ensino fundamental, a LDBEN de 1996 determinou a formação em nível médio, na modalidade normal, como formação inicial mínima e apontou que preferencialmente essa formação deveria ocorrer no nível superior.

Logo, uma das discussões que marcou a década de 1990, em relação à formação de professores, foi a questão da validade ou não da formação em nível médio. A partir daí se fortaleceu a defesa de que a formação docente somente poderia atingir um patamar mais elevado de qualidade se passasse a ser realizada em nível superior.

Sobre esse aspecto, no meio acadêmico é possível identificar autores com posições diversas: os que defendiam o curso superior como o espaço para a formação docente para atuar na educação infantil e nos anos iniciais do ensino fundamental (Brzezinski, 1999; Libâneo; Pimenta, 1999) e consideravam a possibilidade da formação em nível médio como um retrocesso; e os autores (Kishimoto, 1999; Nunes, 2002; Gatti, 2000; Campos, 1999; Aguiar, 1999) que acreditavam que a formação em nível médio era um espaço ainda necessário, sem desconsiderar que a formação superior deveria ser um ideal a se conquistar.

Quanto às instituições responsáveis pela formação de professores em nível superior, a proposição apresentada pela LDBEN de 1996 é a de que essa formação acontecesse no curso normal superior a ser oferecido pelos institutos superiores de educação. Entretanto, essa proposta foi bastante questionada por se considerar que a formação nesses institutos não teria a mesma qualidade do que a formação que pudesse ocorrer no espaço das universidades. Assim, após um longo debate, principalmente impulsionado pela Associação

Nacional de Formação dos Profissionais da Educação – Anfope, o Decreto nº 3.554, de 7 de agosto de 2000, indicou que a formação dos professores para a educação infantil e os anos iniciais do ensino fundamental deveria ocorrer preferencialmente no curso normal superior. Essa formação também foi possibilitada no curso de Pedagogia após a definição das Diretrizes Curriculares Nacionais para esse curso – Resolução nº 1, de 15 de maio de 2006. As diretrizes também indicaram que as instituições que ofertavam o curso normal superior poderiam transformá-lo em curso de Pedagogia, fazendo as devidas reformulações indicadas pela lei.

> De modo geral, as propostas relacionadas à formação de professores na década de 1990 têm a preocupação de "modelar um novo perfil de professor, competente tecnicamente e inofensivo politicamente".

De modo geral, as propostas relacionadas à formação de professores nesse período têm a preocupação de "modelar um novo perfil de professor, competente tecnicamente e inofensivo politicamente, um *expert* preocupado com suas produções, sua avaliação e suas recompensas" (Shiroma, 2003). Há também, nesse período, o fortalecimento da ideia de que o professor precisa investir na sua carreira, privilegiando a formação continuada ou em serviço em detrimento da formação inicial. Assim, cabe refletir sobre a seguinte questão:

pense a respeito
Será que elevar a formação dos professores da educação infantil do ensino fundamental ao nível superior significou elevar a consistência e a abrangência dos conhecimentos a serem adquiridos?

Afinal, buscou-se, a partir dos anos 1980, repensar a formação dos professores com base nas pedagogias progressistas ou críticas, que primavam pela defesa da qualidade do ensino destinado à maioria da população como possibilidade de contribuir para o fortalecimento de um projeto de transformação social. A partir dos anos 1990 não é possível considerarmos que tais pedagogias sejam predominantes, devido ao próprio contexto neoliberal em que as políticas passaram a ser definidas, mas também não podemos deixar de considerar que tais ideias possam, de alguma forma, ainda estar presentes em práticas pedagógicas desenvolvidas no nosso país e influenciando, nesse caso, a formação dos professores.

> A educação pode ter um papel fundamental na construção de um projeto contra-hegemônico de sociedade.

importante!
Em resumo, neste item, em relação ao papel do professor e sua formação nas tendências pedagógicas progressistas ou críticas – libertária, libertadora, crítico-social dos conteúdos e histórico-crítica –, pudemos verificar que, em seu conjunto, tais tendências identificam o professor como o profissional responsável pelo ato intencional e planejado de ensinar.

Em comum, essas tendências consideradas críticas entendem a educação sob as determinações da sociedade capitalista da qual faz parte e, nesse contexto, consideram que ela reproduz no seu interior as desigualdades sociais. No entanto, superando uma visão crítico-reprodutivista, apontam que a educação pode ter um papel fundamental na construção de um projeto contra-hegemônico de sociedade. Buscamos mostrar como nas décadas de 1980 e 1990 no Brasil, no campo da formação docente, se firmou a discussão sobre a necessidade da formação em nível superior do professor para atuar na educação infantil e nos anos iniciais do ensino fundamental, como possibilidade de maior qualificação e reconhecimento profissional.

Síntese

Neste capítulo buscamos ressaltar as características do trabalho docente em relação aos diferentes enfoques que a prática pedagógica assumiu em determinados períodos históricos. Assim, tratamos sobre o papel do professor em algumas importantes tendências pedagógicas: tradicional, escola nova, tecnicismo, libertária, libertadora, crítico-social dos conteúdos e histórico-crítica. Este resgate histórico foi realizado para que você, aluno do curso de Pedagogia, possa compreender o professor como sujeito histórico, síntese de múltiplas relações, pois "a cada etapa de desenvolvimento social e econômico correspondem projetos pedagógicos, aos quais correspondem perfis diferenciados de professores, de modo a atender às demandas dos sistemas social e produtivo com base na concepção dominante" (Kuenzer, 1999, p. 166).

Também cabe destacarmos que cada tendência pedagógica não se esgota em um determinado período histórico; o que existe são períodos em que uma ou outra tendência foi predominante, sendo que entre elas ocorrem sempre períodos de transição, em que as características se mantêm, se mesclam e se transformam. Portanto, algumas marcas dessas tendências, embora agora não mais hegemônicas, podem ser percebidas na ação docente e nas práticas escolares até os dias de hoje. Nos próximos capítulos discutiremos sobre a formação inicial, a formação continuada e a experiência profissional docente.

Indicações culturais

ALEXANDRE. Direção: Oliver Stone. EUA: Warner Bros., 2004. 175 min.

Esse filme auxilia a melhor compreender a Antiguidade Clássica e os conflitos entre gregos e romanos. É especialmente interessante observar a formação intelectual e física do conquistador Alexandre, conhecido como *o Grande*. Alexandre foi discípulo de Aristóteles, importante filósofo grego, considerado, já naquela época, um mestre.

SOCIEDADE dos poetas mortos. Direção: Peter Weir. EUA: Touchstone Pictures, 1989. 129 min.

Filme sobre um professor que vai lecionar em um colégio tradicional e conservador no final da década de 1950. Os posicionamentos e encaminhamentos progressistas do professor entram em choque com as concepções educacionais do colégio e proporcionam aos estudantes momentos de reflexão, aceitação e revolta em relação à disciplina, aos encaminhamentos metodológicos e, de modo mais amplo, aos seus próprios objetivos de vida.

Atividades de autoavaliação

1. A educação tem um papel importante na sociedade, sua função social relacionada à democratização do conhecimento pode contribuir para a reflexão sobre a realidade e a formação de cidadãos críticos. Marque V para verdadeiro e F para falso em relação aos objetivos de uma prática pedagógica progressista e crítica:
   ( ) Contribuir para a construção de uma sociedade mais justa, solidária e igualitária.
   ( ) Articular os saberes escolares com as vivências dos alunos.
   ( ) Evitar discutir em sala de aula temas polêmicos, como pobreza, política, religião e desigualdades sociais.
   ( ) Buscar alternativas de trabalho possibilitando aos alunos diversas formas de interação, diálogo e debate.
   a. V, V, F, F.
   b. F, F, V, V.
   c. V, V, V, F.
   d. V, V, F, V.

2. A prática docente que toma por base o saber enciclopédico, geralmente desvinculado do cotidiano dos alunos, e baseia sua metodologia prioritariamente em aulas expositivas caracteriza-se pela tendência pedagógica:
   a. escolanovista, baseada na ideia de que o importante é "aprender a aprender".

b. tradicional, em que o professor é considerado a autoridade máxima em sala de aula.

c. crítica, em que o ensino procura estar fundado na reflexão sobre os problemas sociais.

d. tecnicista, em que os meios e os recursos são considerados o centro do processo de ensino-aprendizagem.

3. Entre os enfoques da prática docente, encontra-se o tecnicista, que, embora já tenha sido mais enfatizado em nosso país na década de 1970, ainda hoje traz fortes influências sobre a prática pedagógica. A principal crítica a esse enfoque tem sido a ênfase numa racionalidade técnico-instrumental, sem necessariamente buscar o ensino de forma crítica e contextualizada. Assinale a alternativa que expressa características do enfoque tecnicista:

a. Predominância das aulas expositivas, sendo o professor o centro do processo ensino-aprendizagem.

b. Ênfase nos recursos tecnológicos e audiovisuais; objetiva desenvolver competências e atitudes para o ingresso no mercado de trabalho.

c. Ênfase no papel transmissor de conteúdos do professor. O saber é enciclopédico, geralmente desvinculado do cotidiano dos alunos.

d. O ensino busca desenvolver os conhecimentos de forma crítica, voltando-se para a transformação social. Há o resgate dos conteúdos trabalhados pela escola de forma contextualizada.

4. A professora Carla busca promover o ensino de modo ativo, considerando o aluno centro do processo escolar e sua tarefa de facilitadora da aprendizagem. Para tanto, privilegia em suas aulas os trabalhos em grupo e parte sempre dos interesses dos alunos. Seu lema é "aprender a aprender". É possível afirmar que a professora Carla apresenta em sua prática elementos da tendência pedagógica:
   a. tradicional.
   b. escolanovista.
   c. tecnicista.
   d. crítico-social.

5. Marque V para verdadeiro ou F para falso em relação às ações que se referem ao enfoque tradicional da prática docente:
   ( ) Ênfase na memorização do conteúdo.
   ( ) Predominância de aulas expositivas.
   ( ) O professor é tido como o "transmissor" do conhecimento.
   ( ) O professor é visto como um facilitador da aprendizagem.
   ( ) Ênfase nos recursos técnicos utilizados na aula.
   a. V, V, F, F, V.
   b. V, V, V, F, F.
   c. F, F, F, V, V.
   d. V, F, V, F, F.

Atividades de aprendizagem

Questões para reflexão

1. Acesse e explore o *site* a seguir, da Secretaria de Estado da Educação do Paraná, sobre as tendências pedagógicas na educação brasileira:

    PARANÁ. Secretaria de estado de educação. Portal dia-a-dia educação. Tendências Pedagógicas. Disponível em: <http://www.pedagogia.seed.pr.gov.br/modules/conteudo/conteudo.php?conteudo=74>. Acesso em: 13 jun. 2011.

2. Faça anotações apresentando sua compreensão a respeito de como as diferentes tendências pedagógicas se refletem, ainda hoje, no cotidiano escolar e na atuação dos professores e pedagogos.

Atividade aplicada: prática

Converse com alguns alunos, de preferência dos anos finais do ensino fundamental ou do ensino médio, para buscar saber que visão eles têm a respeito das metodologias de ensino utilizadas por seus professores. Registre suas observações sobre: Em que medida esses alunos indicam as tendências pedagógicas presentes nas práticas dos professores?

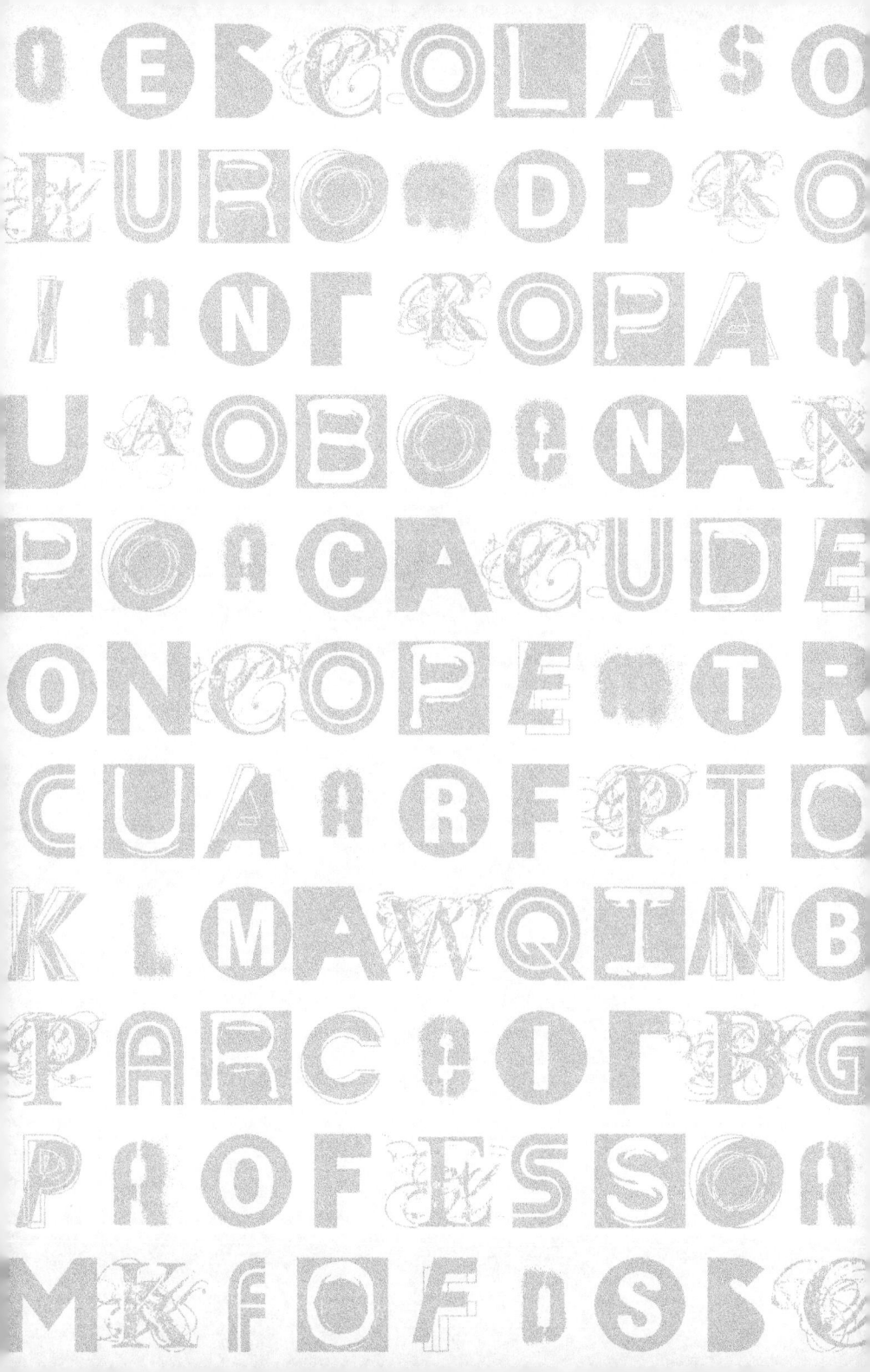

O E B C O L A S O
E U R O O D P O
I A N T O P A Q
U A O B O E N A X
P O A C A G U D E
O N C O P E O T R
C U A A R F P T O
K L M A W Q I N B
P A R C E I O B G
P R O F E S S O R
M K F O F D S

O E ESCOLA SO
EURO DP O
I ANT OPA Q
U OBOINA
PO CAGUDE
N OPE T R
CU A R F P T O
K L M A W Q I N B
P A R C E I O F B G
P R O F E S S O R
M X F O F D S

3
A formação inicial dos professores da educação infantil e anos iniciais do ensino fundamental

Afirmamos no início deste livro que uma atuação docente consciente e intencionalmente planejada, que seja também comprometida com o desenvolvimento de uma prática pedagógica transformadora, precisa ser sustentada pelos conhecimentos específicos que envolvem o trabalho do professor. Assim, o domínio dos conhecimentos necessários à prática profissional pode ser adquirido por meio da formação inicial, da formação continuada e da própria experiência profissional.

preste atenção! Neste capítulo vamos discutir como está organizada na atualidade a formação inicial do professor, uma vez que, nos termos da lei atual, não pode ser considerado professor aquele que não tenha se submetido a uma formação inicial específica que lhe conceda o *status* de profissional da educação. Isso não significa dizer que essa dimensão da formação do professor seja a mais importante, significa apenas que ela corresponde à condição primeira para o exercício da profissão docente.

Dessa forma, consideramos necessário discutir a formação inicial do professor do ponto de vista de sua importância, intenções e objetivos e do ponto de vista de sua organização na atualidade. Para tanto, vamos apresentar as orientações da legislação a respeito da formação inicial de professores da educação infantil e do ensino fundamental, além de discutir sobre tendências atuais nesse campo, ou seja, o que tem marcado as políticas e as práticas educacionais voltadas à formação inicial.

3.1 Orientações legais para a formação inicial de professores

A importância da formação inicial dos professores que irão atuar na educação infantil e no ensino fundamental está relacionada, acima de tudo, com a qualidade do ensino que pretendemos que seja desenvolvido na educação básica. Dessa forma, conforme ressalta Cury (2011):

> *A formação inicial de professores como preparação profissional passa a ter papel crucial na própria organização*

da educação nacional, não só por ser um momento de entrelace entre o nível básico e o superior, mas também por representar o momento de inserção qualificada na escolarização, hoje cada vez mais necessária.

Assim, podemos afirmar que a preocupação com a qualidade da formação inicial do professor está vinculada à possibilidade de esse profissional desenvolver uma ação docente voltada à formação humana. Para tanto, entre outros fatores, é necessário que o professor tenha domínio de um conhecimento científico específico, a partir do qual organizará a sua prática pedagógica de forma a promover o desenvolvimento do trabalho educativo. Trabalho esse que, como vimos no capítulo 1, está vinculado aos processos de produção e socialização de ideias, conhecimentos, saberes, valores na nossa sociedade.

A organização da formação inicial dos professores para a docência na educação infantil e nos anos iniciais do ensino fundamental é definida pelas Diretrizes Curriculares Nacionais dos cursos destinados a essa formação e pela atual LDBEN – Lei nº 9.394/1996 –, que define em seu art. 62 que:

> *A formação de docentes para atuar na educação básica far-se-á em nível superior, em cursos de licenciatura, de graduação plena, em universidades e institutos superiores de educação, admitida, como formação mínima para o exercício do magistério na educação infantil e nas quatro séries do ensino fundamental, a oferecida em nível médio, na modalidade normal.*

Ao pensarmos sobre a formação inicial de professores, seja no curso normal em nível médio, seja no curso de licenciatura em Pedagogia, é necessário que se levem em consideração alguns elementos, como a organização curricular dos cursos, a definição dos conteúdos de ensino, a distribuição da carga horária mínima necessária para a formação, o papel do estágio no curso, entre outros.

3.1.1 O curso de formação de professores em nível médio

Em relação à formação de professores em nível médio, é importante destacar que, nos anos que se seguiram à promulgação da LDBEN de 1996, a discussão sobre a necessidade da formação docente em nível superior e até mesmo interpretações equivocadas do texto da lei resultaram numa diminuição considerável da oferta desses cursos. Também, no debate instaurado com a Conferência Nacional da Educação, realizada em 2010, retomou-se a discussão a respeito da efetividade desse nível de formação docente. Atualmente o Congresso Nacional discute uma alteração na LDBEN de 1996, a qual prevê novos indicativos para a formação inicial de professores no Projeto de Lei da Câmara – PLC nº 280/2009 sendo, pois, importante acompanhar o desfecho destas discussões.

Os documentos que orientam a formação de professores em nível médio na atualidade são: o Parecer nº 1/1999 e a Resolução nº 2/1999*, que fixam e instituem as Diretrizes Curriculares Nacionais para a formação de professores na modalidade normal em nível médio.

* Documentos disponíveis em: <http://portal.mec.gov.br/dmdocuments/pceb001_99.pdf e http://portal.mec.gov.br/cne/arquivos/pdf/CEB0199.pdf>.

O curso de formação de professores em nível médio visa formar docentes para atuar na educação infantil e nos anos iniciais do ensino fundamental, tendo como perspectiva o atendimento a crianças, jovens e adultos. Nesse âmbito as Diretrizes Curriculares Nacionais para a formação de professores indicam que é essencial ao futuro professor ter o domínio dos conhecimentos que lhe possibilitem compreender a gestão pedagógica da educação escolar, refletir sistematicamente sobre a prática, dominar os conteúdos curriculares necessários à implantação das diretrizes curriculares para a educação básica, bem como os fundamentos da educação. Assim, a respeito da organização da proposta pedagógica do curso normal em nível médio, destacamos a Resolução nº 2/1999, que detalha essas orientações:

▪ ▪ ▪ ▪ ▪ ▪ ▪ ▪ ▪ ▪ ▪ ▪ ▪

Art. 3º Na organização das propostas pedagógicas para o curso Normal, os valores, procedimentos e conhecimentos que referenciam as habilidades e competências gerais e específicas previstas na formação dos professores em nível médio serão estruturados em áreas ou núcleos curriculares.
§ 1º As áreas ou os núcleos curriculares são constitutivos de conhecimentos, valores e competências, e deverão assegurar a formação básica, geral e comum, a compreensão da gestão pedagógica no âmbito da educação escolar contextualizada e a produção de conhecimentos a partir da reflexão sistemática sobre a prática.
[...]

> § 3º *Na observância do que estabelece o presente artigo, a proposta pedagógica para formação dos futuros professores deverá garantir o domínio dos conteúdos curriculares necessários à constituição de competências gerais e específicas, tendo como referências básicas:*
> *[...]*
> *II – o estabelecido nas diretrizes curriculares nacionais para a educação básica;*
> *III – os conhecimentos de filosofia, sociologia, história e psicologia educacional, da antropologia, da comunicação, da informática, das artes, da cultura e da linguística, entre outras.*

Podemos observar, na definição das Diretrizes Curriculares Nacionais para a formação de professores na modalidade normal em nível médio, que, no que diz respeito aos conhecimentos que deverão nortear a formação dos professores, há uma abrangência que vai desde os conhecimentos básicos, relativos ao nível de ensino em que a atuação docente irá se dar, até os conhecimentos mais específicos e complexos, relativos aos contextos e às práticas educativas que envolvem as áreas de filosofia, história, sociologia, psicologia, didática, entre outras.

O curso em nível médio se propõe, segundo o Parecer nº 1/1999, a "formar professores autônomos e solidários, capazes de investigar os problemas que se colocam no cotidiano escolar, utilizando os conhecimentos, recursos e procedimentos necessários às soluções desses problemas", e capazes de avaliar a adequação das escolhas que foram efetivadas. Ainda segundo o mesmo documento, durante o curso deve ser possibilitado aos alunos "vivenciar situações de estudos e aprendizagens nas quais são consideradas as especificidades do processo de pensamento, a realidade socioeconômica e a diversidade cultural, étnica, de religião e de gênero". Também é necessário que os alunos vivenciem o diálogo como a base do ato pedagógico.

Em relação à organização do curso de formação de professores em nível médio, as Diretrizes Curriculares determinam que a duração do curso deve ser de no mínimo 3.200 horas, distribuídas em quatro anos letivos, além das 800 horas que devem ser destinadas à prática de formação (o estágio), totalizando 4.000 horas. Também há a definição de que o curso deve ser realizado em um ambiente institucional próprio, com organização adequada à sua proposta pedagógica.

Após tantos anos da promulgação da LDBEN de 1996 e da aprovação das Diretrizes para o curso normal em nível médio, as discussões atuais a respeito da pertinência desse curso na formação inicial docente possibilitam apontar limites e possibilidades dessa formação.

Quando se trata dos limites, então, a discussão recai sobre a ideia de que esse professor pode ter uma menor valorização profissional e salarial no conjunto da categoria dos professores, o questionamento de que esse aluno está concluindo a educação básica e ao mesmo tempo sendo preparado para a atuação nesta etapa de ensino, o que pode limitar as possibilidades da formação, e a questão da faixa etária deste aluno que na média pode iniciar o ensino médio aos 14 anos. A esse respeito, Monlevade (2009) ressalta que, apesar de defender a formação de professores em nível médio, é preciso considerar que esses estudantes, de 15 a 18 anos, não têm maturidade para a escolha profissional nem para o aprofundamento pedagógico."

Todavia, mesmo considerando esses limites, podemos apontar como possibilidade do curso normal em nível médio, a ideia de se ampliar o tempo de formação do professor quando aliada a formação em nível médio à formação de nível superior. Também é pertinente considerar como um ponto positivo a ampla carga horária definida para o curso, bem como o tempo destinado ao estágio como componente curricular obrigatório. Essa carga horária possibilita a organização do curso de forma que possam ser desenvolvidas atividades diversas e o aprofundamento dos conteúdos trabalhados.

Pesando esses argumentos favoráveis à manutenção do curso normal em nível médio (magistério), precisamos considerar, sobretudo, a questão de que, em termos de Brasil, ainda não é possível formar todos os professores no ensino superior, até porque não existe oferta no campo do ensino público suficiente para atender toda a demanda de profissionais a serem formados nesse nível. E, cada vez mais, com a ampliação do atendimento da população na educação infantil, é necessário que se formem profissionais para atuar nessa etapa da educação básica, bem como no ensino fundamental.

3.1.2 A formação de professores no curso de Pedagogia

No que diz respeito ao curso de Pedagogia*, outra instância de formação do professor para atuar na educação infantil e no ensino fundamental, os documentos norteadores para a organização desse curso são as Diretrizes Curriculares Nacionais para o curso de Pedagogia, instituídas pelo Parecer nº 5/2005 e pela Resolução nº 1/2006.**

Estes documentos foram o resultado de um longo processo de discussão sobre a formação dos professores após a promulgação da LDBEN de 1996. As definições da nova LDBEN impulsionaram o debate sobre a formação dos profissionais da educação, mais especificamente em relação ao lugar dessa formação e ao seu conteúdo frente aos desafios da atualidade. Esse debate, que se estendeu por aproximadamente uma década, envolveu diversas entidades do meio educacional, como a Associação Nacional pela Formação dos Profissionais da Educação – Anfope, a Associação Nacional de Pós-Graduação e Pesquisa em Educação – Anped, universidades de todo o Brasil, fóruns em defesa da escola pública e muitos outros.

O processo de elaboração das Diretrizes Curriculares para o curso de Pedagogia não foi, de forma alguma, um movimento linear e consensual, pois envolveu divergências nos campos conceitual e político. Entre alguns pontos de discussão podemos citar a criação dos institutos superiores de educação, a manutenção do curso de magistério em nível médio e a formação do professor no curso normal superior ou no curso de Pedagogia.

---

* Conforme indicado no Capítulo 2, após a definição das Diretrizes Curriculares Nacionais para o curso de Pedagogia, esse curso passou a ser um dos lócus de formação de professores para a educação infantil e o ensino fundamental, possibilitando inclusive que os cursos com *status* de "normal superior" se transformassem em Pedagogia.

** Documentos disponíveis, respectivamente, em: <http://portal.mec.gov.br/cne/arquivos/pdf/pcp05_05.pdf> e <http://portal.mec.gov.br/cne/arquivos/pdf/rcp01_06.pdf>.

Todavia, a Resolução nº 1/2006 definiu que o curso de Pedagogia seria, desse momento em diante, responsável pela formação inicial dos professores:

> *para o exercício da docência na Educação Infantil e nos anos iniciais do Ensino Fundamental, nos cursos de Ensino Médio, na modalidade Normal, e em cursos de Educação Profissional na área de serviços e apoio escolar, bem como em outras áreas nas quais sejam previstos conhecimentos pedagógicos.*

Assim, a licenciatura em Pedagogia possibilita aos seus egressos atuar profissionalmente, tanto como professores, quanto como pedagogos. Esse curso visa, de acordo com o Parecer nº 5/2005, propiciar, por meio de investigação, reflexão crítica e experiência no planejamento, execução e avaliação de atividades educativas, além de possibilitar o conhecimento das contribuições de diversas áreas, como a filosofia, a história, a antropologia, as questões ambientais e ecológicas, a psicologia, a linguística, a sociologia, a política, a economia, a cultura. No que diz respeito à formação dos professores, o propósito desses estudos é, de acordo com a Resolução nº 1/2006, "nortear a observação, análise, execução e avaliação do ato docente e de suas repercussões ou não em aprendizagens."

O curso de Pedagogia propõe a compreensão da docência como ação educativa e processo pedagógico metódico e intencional, construído em relações sociais, étnico-raciais e produtivas. Nessa perspectiva, o egresso do curso de Pedagogia deverá, segundo o Parecer nº 5/2005, estar apto a:

- *atuar com ética e compromisso com vistas à construção de uma sociedade justa, equânime, igualitária;*
- *compreender, cuidar e educar crianças de zero a cinco anos, de forma a contribuir, para o seu desenvolvimento nas dimensões, entre outras, física, psicológica, intelectual, social;*
- *fortalecer o desenvolvimento e as aprendizagens de crianças do Ensino Fundamental, assim como daqueles que não tiveram oportunidade de escolarização na idade própria;*
- *trabalhar, em espaços escolares e não escolares, na promoção da aprendizagem de sujeitos em diferentes fases do desenvolvimento humano, em diversos níveis e modalidades do processo educativo;*
- *reconhecer e respeitar as manifestações e necessidades físicas, cognitivas, emocionais e afetivas dos educandos nas suas relações individuais e coletivas;*
- *aplicar modos de ensinar diferentes linguagens, Língua Portuguesa, Matemática, Ciências, História, Geografia, Artes, Educação Física, de forma interdisciplinar e adequada às diferentes fases do desenvolvimento humano, particularmente de crianças;*
- *relacionar as linguagens dos meios de comunicação aplicadas à educação, nos processos didático-pedagógicos, demonstrando domínio das tecnologias de informação e comunicação adequadas ao desenvolvimento de aprendizagens significativas;*

- *promover e facilitar relações de cooperação entre a instituição educativa, a família e a comunidade;*
- *identificar problemas socioculturais e educacionais com postura investigativa, integrativa e propositiva em face de realidades complexas, com vistas a contribuir para superação de exclusões sociais, étnico-raciais, econômicas, culturais, religiosas, políticas e outras;*
- *demonstrar consciência da diversidade, respeitando as diferenças de natureza ambiental-ecológica, étnico-racial, de gêneros, faixas geracionais, classes sociais, religiões, necessidades especiais, escolhas sexuais, entre outras;*
- *desenvolver trabalho em equipe, estabelecendo diálogo entre a área educacional e as demais áreas do conhecimento;*
- *participar da gestão das instituições em que atuem enquanto estudantes e profissionais, contribuindo para elaboração, implementação, coordenação, acompanhamento e avaliação do projeto pedagógico;*
- *participar da gestão das instituições em que atuem planejando, executando, acompanhando e avaliando projetos e programas educacionais, em ambientes escolares e não escolares;*
- *realizar pesquisas que proporcionem conhecimentos, entre outros: sobre seus alunos e alunas e a realidade sociocultural em que estes desenvolvem suas experiências não escolares; sobre processos de ensinar e de aprender, em diferentes meios ambiental-ecológicos; sobre propostas curriculares; e sobre a organização do trabalho educativo e práticas pedagógicas;*

- *utilizar, com propriedade, instrumentos próprios para construção de conhecimentos pedagógicos e científicos;*
- *estudar, aplicar criticamente as diretrizes curriculares e outras determinações legais que lhe caiba implantar, executar, avaliar e encaminhar o resultado de sua avaliação às instâncias competentes.*

Assim, podemos perceber que as Diretrizes Curriculares para o curso de Pedagogia apresentam uma visão ampliada a respeito dos conhecimentos necessários à atuação docente, envolvendo desde o conhecimento dos fundamentos teóricos e metodológicos da prática pedagógica até aspectos voltados à gestão escolar.

Quanto à organização dos cursos de licenciatura em Pedagogia, a Resolução nº 1/2006, em seu art. 7, estabelece que a carga horária mínima deve ser de 3.200 horas de efetivo trabalho acadêmico, assim distribuídas:

I – 2.800 horas dedicadas às atividades formativas como assistência a aulas, realização de seminários, participação na realização de pesquisas, consultas a bibliotecas e centros de documentação, visitas a instituições educacionais e culturais, atividades práticas de diferente natureza, participação em grupos cooperativos de estudos;

II – 300 horas dedicadas ao Estágio Supervisionado prioritariamente em Educação Infantil e nos anos iniciais do Ensino Fundamental, contemplando também outras áreas específicas, se for o caso, conforme o projeto pedagógico da instituição;

III – 100 horas de atividades teórico-práticas de aprofundamento em áreas específicas de interesse dos alunos, por meio, da iniciação científica, da extensão e da monitoria.

Podemos observar que há, na proposta das Diretrizes Curriculares Nacionais para o curso de Pedagogia, uma ênfase na relação dos estudos a serem realizados com a prática pedagógica desenvolvida nas escolas, especialmente no campo da educação infantil e dos anos iniciais do ensino fundamental. Essa ênfase se faz presente nas definições acerca do estágio e nas atividades teórico-práticas a serem desenvolvidas.

> **importante**
> Nos debates atuais, a respeito das Diretrizes Curriculares Nacionais para o curso de Pedagogia, duas questões aparecem como centrais: por um lado a crítica ao conteúdo e à forma de organização desse curso que prevê a formação do professor e do pedagogo ao mesmo tempo, ampliando o conceito de docência. Por outro lado, o ganho histórico em relação à possibilidade de estruturação de um curso voltado à formação de professores para a educação infantil e anos iniciais do ensino fundamental em nível superior.

A respeito da crítica à ampliação do conceito de docência, Kuenzer e Rodrigues (2006) apontam que:

o Parecer 05/05 amplia demasiadamente a concepção de ação docente provavelmente para rebater as críticas que vinham sendo feitas à redução do campo epistemológico da Pedagogia que a centralidade nesta categoria determinava e, ao mesmo tempo, produzir uma formulação que, pela abrangência, fosse mais consensual. Como resultado deste esforço, a concepção de ação docente passou a abranger também a participação na organização e gestão de sistemas e instituições de ensino e a produção e difusão do conhecimento científico-tecnológico do campo educacional em contextos escolares e não escolares, assumindo tal amplitude que resultou descaracterizada. [...] A gestão e a investigação demandam ações que não podem ser reduzidas à de docência, que se caracteriza por suas especificidades; ensinar não é gerir ou pesquisar, embora sejam ações relacionadas. Em decorrência desta imprecisão conceitual, o perfil e as competências são de tal modo abrangentes que lembram as de um novo salvador da pátria, para cuja formação o currículo proposto é insuficiente, principalmente ao se considerar que as competências elencadas, além de muito ampliadas, dizem respeito predominantemente a dimensões práticas da ação educativa, evidenciando-se o caráter instrumental da formação.

É importante refletirmos que, embora relacionadas, a formação do pedagogo e a do professor têm especificidades que podem não estar sendo devidamente atendidas e aprofundadas da forma como o curso está organizado na atualidade. Contudo, são inegáveis a necessidade e a importância de se garantir o espaço formativo no nível superior para os professores que serão os responsáveis pela formação básica da população brasileira.

Vimos até aqui como estão estabelecidas pela lei nacional, a formação inicial de professores, as proposições indicadas pelas Diretrizes Curriculares Nacionais para a Formação de Professores na Modalidade Normal em Nível Médio e as Diretrizes Curriculares Nacionais para o curso de Pedagogia. Podemos perceber que ambas as diretrizes indicam a necessidade de uma formação docente que possibilite o acesso a conhecimentos teórico-metodológicos consistentes e destacam a importância da relação entre teoria e prática.

> **pense a respeito**
> Vamos conhecer agora algumas tendências que permeiam esses processos de formação inicial docente?

3.2 Tendências atuais no campo da formação inicial de professores

Nas últimas décadas fortaleceu-se, no campo dos estudos e das práticas relacionadas com a formação inicial de professores, a crítica à racionalidade técnica-instrumental, ou seja, o questionamento das práticas formativas baseadas em paradigmas positivistas, presentes na abordagem da pedagogia tecnicista que tende a separar teoria e prática, conteúdo e forma, reflexão e ação. Assim, como esclarece Rodrigues (2005, p. 4):

> *Os professores, nessa perspectiva, são concebidos como meros executores, cabendo-lhes apenas aplicar corretamente as*

técnicas para atingir os fins predeterminados. Objetiva-se o controle cada vez mais burocrático do trabalho do professor. O ensino é reduzido à formulação de objetivos educacionais e instrucionais, com predomínio da utilização de técnicas mediante uma prática formal e funcionalista. Escola, alunos e professores passam a ser medidos em sua eficiência e eficácia. A base do conhecimento assenta-se na técnica, e o processo educativo é um processo de controle.

É, portanto, a crítica à racionalidade técnica instrumental que vai permear as discussões acerca de um novo modelo formativo de docentes que busque resgatar o que parecia esquecido, a necessidade de se valorizar o sujeito em formação, sua história de vida, problemas e possibilidades, e, além disso, valorizar as práticas docentes realizadas no cotidiano escolar e tomá-las com base para os estudos e as discussões que passarão a orientar, cada vez mais, os currículos dos cursos de formação inicial de professores. A esse respeito Fontana (2007, p. 1) afirma que:

> *a crítica ao tecnicismo e à racionalidade instrumental, presente nas práticas pedagógicas e na política educacional brasileira, provocou entre os pesquisadores da área, a defesa da reflexividade e da pesquisa no processo de formação do professor como possibilidade de desenvolvimento profissional e melhoria do ensino. Esta proposta tem como objetivo superar a racionalidade técnica que orienta a ação docente, meramente reprodutora de conhecimento e avançar para uma racionalidade da práxis, comprometida com práticas pedagógicas emancipadoras.*

Na atualidade, destaca-se a necessidade de que o processo de formação leve em conta os saberes que os alunos, nesse caso você, futuro professor, trazem e que são anteriores ao início da sua formação, ou seja, a valorização dos saberes mobilizados pelos futuros educadores e a indagação sobre se esses saberes podem ou não influenciar a ação docente. Assim, os saberes da prática aparecem como elementos enfatizados na formação inicial de professores e, considerando essa tendência, enfatizamos a necessidade de relacioná-los com os fundamentos teóricos que orientam essas práticas e nos auxiliam a melhor compreendê-las:

> *a formação inicial de professores assenta-se sobre uma base teórico-prática em que saberes teóricos e saberes da prática se somam, favorecendo a permanente reflexão sobre a atividade de ensino. Isso significa que: o professor enquanto sujeito do processo produtivo constrói um saber próprio a partir da realidade da escola, buscando superar a fragmentação do conhecimento, favorecendo, desse modo, o trabalho coletivo na escola.* (Foerste; Foerste, 2000)

Dessa forma, a prática e as experiências pessoais com situações de ensino são apontadas, na atualidade, como elementos centrais nos processos de aprendizagem e de desenvolvimento profissional docentes (Nono; Mizukami, 2001).

No entanto, apontamos o entendimento de que a prática não basta por si só, da mesma forma que não basta o conhecimento das teorias no campo da ciência e da educação: "o professor precisa também cultivar atitudes de reflexão e de autocrítica sobre sua prática" (Freitas; Villani, 1999).

Assim, a reflexão sobre a prática deve acontecer com base em referenciais teóricos que a sustentem. Esses apontamentos indicam a tendência, no campo da formação inicial de professores, à formação de um professor reflexivo e à pesquisa sobre a prática. Nesse sentido, a pesquisa é vista por Silva (1999) como:

> *um princípio formativo nuclear e como um componente curricular essencial da formação do professor em nível universitário, visto que tal formação, dada a sua natureza, tem como eixo central o envolvimento do formando, desde logo, em atividades de pesquisa da sua prática político-pedagógica cotidiana, de modo a permitir que ele desenvolva atitudes de pesquisador (curiosidade, reflexividade, espírito crítico, criatividade). É justamente o conjunto dessas atitudes que favorecerá o estabelecimento da relação crítica e reflexiva que o professor manterá com o saber e com a sua prática político-pedagógica.*

Relacionada à ênfase na pesquisa, como uma tendência atual na formação inicial de professores, colocamos a importância do estágio como elemento curricular central e articulador nos cursos voltados a essa finalidade. Podemos dizer que esta disciplina tem por norte o desenvolvimento de uma atitude investigativa por parte do futuro professor. O estágio não deve ser considerado, de forma restrita, a parte prática do curso de formação inicial. Ao contrário, o estágio passa a ser entendido e defendido na atualidade como essencial ao

> A prática não basta por si só, da mesma forma que não basta o conhecimento das teorias no campo da ciência e da educação.

desenvolvimento do curso, com carga horária considerável no total da grade curricular e fundamental para auxiliar os futuros professores no seu processo de desenvolvimento profissional docente. Nessa perspectiva, a inserção do estágio como uma prática específica na formação inicial docente busca "uma articulação entre o domínio dos conhecimentos teóricos, o conteúdo das diferentes áreas do conhecimento (metodologias específicas) e um projeto político-pedagógico particular" (Freitas, 1996, p. 14).

E, finalmente, mas não menos importante, no campo das tendências atuais na formação inicial de professores, aparece, e com bastante ênfase, a questão da educação a distância – EaD.

> **pense a respeito**
>
> A EaD pode ser considerada, cada vez mais, uma tendência marcante no que se refere ao ensino no Brasil. Você já parou para se perguntar os motivos? Quais são os fatores que levam a EaD a ser tão abrangente e necessária nos dias de hoje em contraste com outras épocas que analisamos anteriormente?

Esta tendência tem em sua base legal a definição da LDBEN de 1996, que diz em seu art. 80: "O Poder Público incentivará o desenvolvimento e a veiculação de programas de ensino a distância, em todos os níveis e modalidades de ensino, e de educação continuada."

O Decreto nº 5.622/2005* regulamenta o art. 80 da LDBEN de 1996 e trata, entre outras coisas, sobre a criação, organização, oferta e desenvolvimento de cursos e programas

* Disponível em: <http://www.planalto.gov.br/ccivil_03/_ato2004-2006/2005/decreto/d5622.htm>.

a distância, além de questões referentes à gestão e avaliação desses cursos. Hoje em dia a EaD é reconhecida como uma forma de trabalho colaborativo de construção do conhecimento, além de ser considerada uma maneira eficaz para tornar mais democrático o acesso à educação superior no Brasil, devido à dificuldade de ingresso nas universidades em várias regiões do país:

> *a Educação a Distância (EaD) está sendo apontada como uma alternativa para enfrentar o desafio da formação docente, no momento em que uma das linhas de ação da política pública brasileira é ampliar os programas de formação – inicial e continuada – dos professores com o objetivo de melhorar a qualidade da educação no país.*
> (Oliveira, 2003, p. 1)

Os dados do Inep – Instituto Nacional de Estudos e Pesquisas Educacionais Anísio Teixeira, do MEC – Ministério da Educação, referentes ao censo da educação superior de 2006 indicam o grande crescimento do número de cursos de educação superior a distância ofertados no país. Segundo o Instituto, de 2003 a 2006, o número de cursos de EaD passou de 52 para 349, o que significa aumento de 571% (Brasil, 2003).

Entre as razões para justificar a pertinência da EaD na formação de professores, Oliveira (2003, p. 9) destaca:

> *atenuar as dificuldades que os formandos enfrentam para participar de programas de formação em decorrência da*

extensão territorial e da densidade populacional do país; atender o direito de professores e alunos ao acesso e domínio dos recursos tecnológicos que marcam o mundo contemporâneo, oferecendo possibilidades e impondo novas exigências à formação do cidadão.

> **importante!** A pertinência da EAD na formação de professores apoia-se em duas razões principais. Por um lado, visa atenuar as dificuldades que os formandos enfrentam para participar de programas de formação em decorrência da extensão territorial e da densidade populacional do país e, por outro lado, atende o direito de professores e alunos ao acesso e domínio dos recursos tecnológicos que marcam o mundo contemporâneo, oferecendo possibilidades e impondo novas exigências à formação do cidadão.

Para tanto, no desenvolvimento dos programas de EaD devem ser utilizados diversos multimeios, como material impresso, rádio, televisão, fax, telefone e *e-mail*, servindo de apoio para estudo e formação dos professores. Nesse sentido, toda a organização e a estrutura de um curso de formação de professores na modalidade EaD precisam estar voltadas para a busca da qualidade dessa formação (Soares, 2008). Sobre a qualidade dos profissionais formados Gilberto (2011) diz:

> *Se o critério é a qualidade, não se pode pensar na educação a distância apenas como uma forma de suprir a possível*

demanda de profissionais para o mercado de trabalho, mas concebê-la como uma modalidade de ensino formadora de profissionais reflexivos e críticos, estimulados à construção do conhecimento.

Na tentativa de assegurar padrões mínimos de qualidade relacionados aos cursos de educação a distância desenvolvidos no Brasil, a Secretaria de Educação a Distância do MEC, elaborou, em 2007, um documento intitulado *Referenciais de Qualidade para a Educação Superior a Distância**. Esse documento reforça o entendimento de que deve haver um forte compromisso por parte das instituições que ofertam a modalidade EaD, visando garantir que o processo de formação contemple a dimensão técnico-científica para o mundo do trabalho e a dimensão política para a formação do cidadão.

* Documento disponível em: <http://portal.mec.gov.br/seed/arquivos/pdf/legislacao/refead1.pdf>.

Finalizando este tópico sobre as tendências atuais na formação inicial de professores, podemos enfatizar que fazem parte dessas tendências: a crítica à racionalidade técnica-instrumental, a ênfase nos saberes da prática, na formação do professor reflexivo e na pesquisa, o estágio curricular obrigatório como eixo articulador do curso de formação inicial e a expansão dos cursos ofertados na modalidade da EaD.

Síntese

Neste capítulo discutimos sobre os aspectos relacionados à formação inicial do professor, para atuar na educação infantil e no ensino fundamental. Apontamos, com base na legislação educacional, que na atualidade a formação inicial desses professores pode ocorrer tanto no curso normal em nível médio (magistério) quanto no curso de Pedagogia, em nível superior. Também buscamos apresentar algumas tendências que marcam os estudos e as práticas nesse campo nas últimas décadas. As ideias discutidas neste capítulo indicam que há uma preocupação com a qualidade da formação inicial dos professores e a defesa de que essa formação ocorra preferencialmente no nível superior.

Indicações culturais

FREIRE, P. Pedagogia da autonomia. São Paulo: Paz e Terra, 1996. Disponível em: <http://www.letras.ufmg.br/espanhol/pdf/pedagogia_da_autonomia_-_paulofreire.pdf>. Acesso em: 23 mar. 2011.

O livro acima é muito interessante para pensarmos sobre os saberes necessários à prática educativa. Na linha da pedagogia progressista libertadora traz subsídios para a reflexão teórico-prática a respeito do trabalho docente.

Atividades de autoavaliação

1. Por meio da formação inicial, os futuros professores podem se apropriar de conhecimentos importantes para sua atuação profissional. Indique quais, dentre os conhecimentos abaixo, os que devem ser desenvolvidos nesse nível de formação:

    I. Conhecimentos específicos das disciplinas escolares.

    II. Conhecimentos pedagógicos.

III. Conhecimentos metodológicos.
IV. Conhecimentos do senso comum.

Estão corretas as alternativas:
a. I, II e IV.
b. I, II e III.
c. II, III e IV.
d. I, III e IV.

2. A necessidade de formação de professores é reconhecida pela legislação educacional brasileira, sendo que a LDBEN de 1996 – estabelece o nível de ensino desejado para essa formação. Assinale a alternativa correta em relação ao que diz a LDBEN de 1996 sobre o nível em que deve acontecer, preferencialmente, a formação dos professores para as séries iniciais do ensino fundamental:
a. Nível médio.
b. Nível superior.
c. Pós-graduação.
d. Ensino fundamental.

3. A respeito das tendências atuais no campo da formação inicial de professores é incorreto afirmar:
a. A educação a distância se expandiu consideravelmente nos últimos anos, tornando-se uma alternativa para a formação inicial de professores, especialmente no que se refere às localidades onde não existe a oferta presencial do curso de Pedagogia.

b. O estágio pode ser considerado o eixo articulador dos cursos de formação inicial de professores, visando garantir a unidade entre teoria e prática ao longo do desenvolvimento dessa formação.
c. A ideia de formar um professor reflexivo tem sua base no entendimento de que a teoria é sempre mais importante e relevante do que os aspectos relacionados à prática pedagógica realizada no cotidiano escolar.
d. A pesquisa é um elemento importante nos cursos de formação inicial de professores, incentivando o desenvolvimento da criatividade e do espírito científico nos futuros professores.

4. A proposição da Lei nº 9.394/1996 no que diz respeito à formação dos professores para a educação infantil e séries iniciais do ensino fundamental gerou no meio acadêmico uma gama de interpretações e posicionamentos. Entre eles, a discussão sobre a pertinência ou não da formação inicial de professores pelo curso normal em nível médio. Assinale as alternativas que podem ser consideradas como limites relacionados à formação de professores nesse nível de ensino:
   I. A falta de maturidade intelectual dos alunos que iniciam o curso em nível médio.
   II. A possibilidade de uma menor valorização profissional e salarial no conjunto da categoria dos professores.

III. O questionamento de que esse aluno está concluindo a educação básica e ao mesmo tempo sendo preparado para a atuação nessa etapa de ensino.

IV. A ampla carga horária destinada ao estágio supervisionado que exige, por parte do aluno, disponibilidade de tempo para realizá-lo.

Estão corretas as alternativas:
a. II e III.
b. I, III e IV.
c. II, III e IV.
d. I, II e III.

5. De acordo com as Diretrizes Curriculares Nacionais para o curso de Pedagogia – licenciatura, esse curso está voltado para a formação de profissionais que poderão atuar:
   a. como docentes nas séries finais do ensino fundamental e no ensino médio.
   b. como docentes na educação infantil, nos anos iniciais do ensino fundamental, no curso de formação de professores em nível médio/magistério (disciplinas pedagógicas) e na gestão das escolas da educação básica.
   c. como docentes no ensino superior e na gestão das escolas da educação básica.
   d. como docentes na educação infantil, nos anos iniciais do ensino fundamental.

Atividades de aprendizagem

Questões para reflexão

1. Procure saber mais sobre a formação inicial dos professores lendo as Diretrizes Curriculares Nacionais do curso de Pedagogia.

    BRASIL. Ministério da Educação. Conselho Nacional de Educação. Conselho pleno. Resolução n. 1, de 15 de Maio de 2006. Diário Oficial da União, Brasília, DF, 16 maio 2006. Disponível em: <http://portal.mec.gov.br/cne/arquivos/pdf/rcp01_06.pdf>. Acesso em: 23 mar. 2011.

2. Procure refletir sobre as orientações das Diretrizes Curriculares Nacionais do curso de Pedagogia em relação aos conhecimentos que são necessários para a atuação docente na atualidade. Em sua opinião, com base nos estudos realizados até o momento, quais são esses conhecimentos? Eles são contemplados por esse documento legal? Registre suas observações a esse respeito.

Atividade aplicada: prática

Converse com um ou dois professores sobre a formação inicial que realizaram. Pergunte sobre a época em que o curso foi realizado; os conhecimentos mais valorizados; a relação entre teoria e prática no currículo do curso de formação e de que modo esse nível de formação lhes deu base para a atuação profissional. Registre suas observações e procure relacioná-las com os estudos realizados.

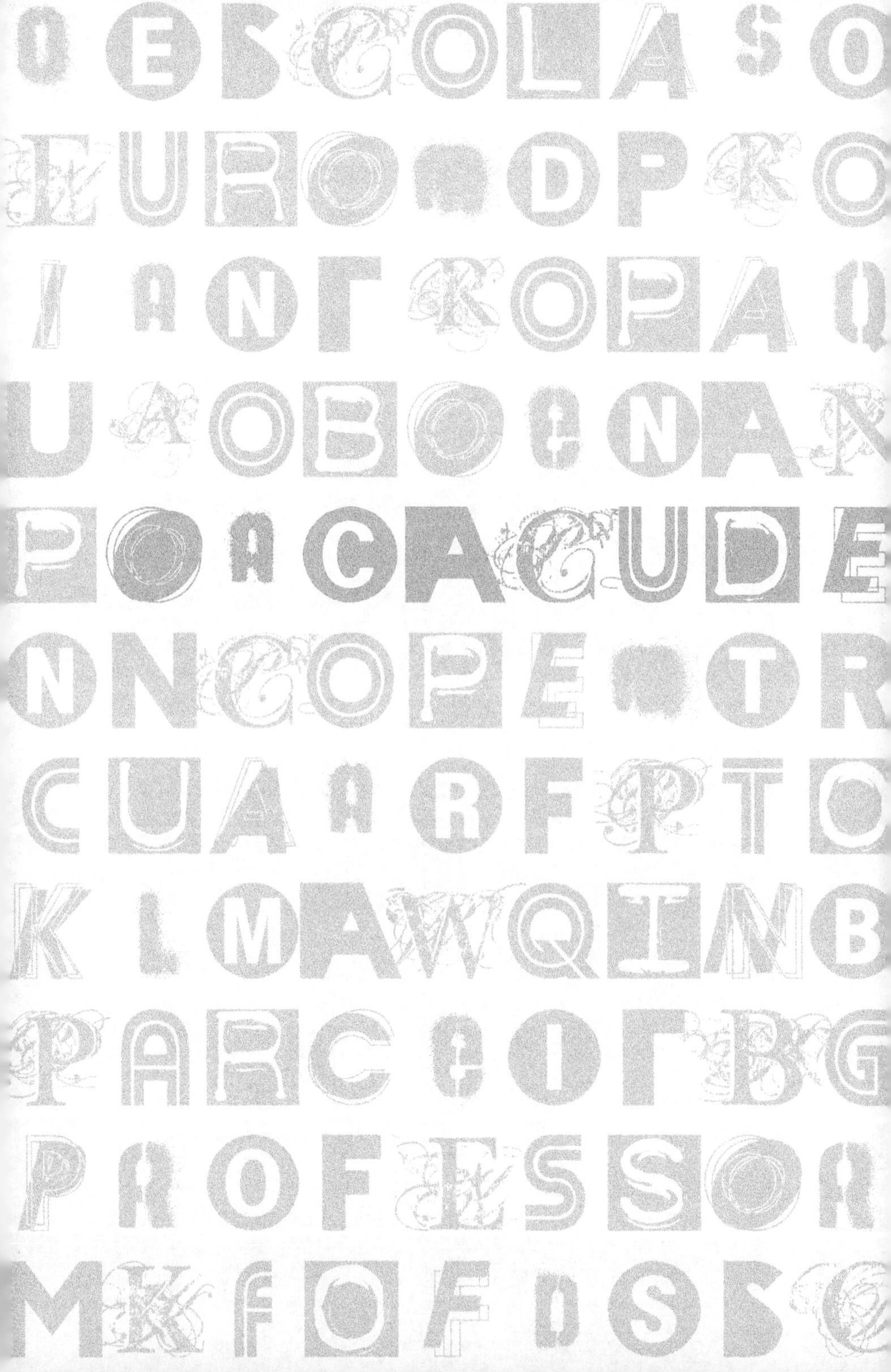

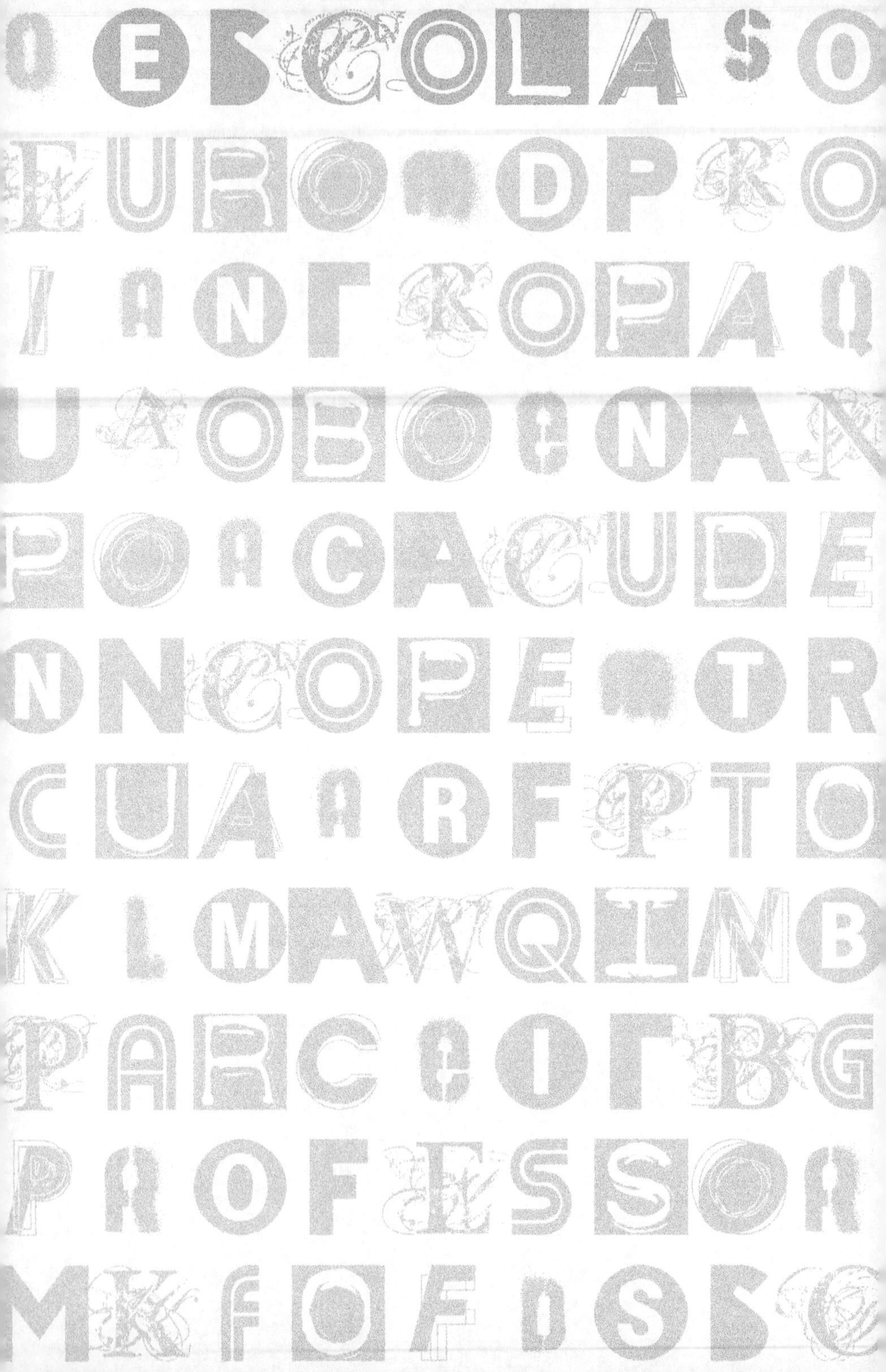

I E S C O L A S O
E U R O D P R O
I A N T R O P A Q
U A O B O C N A X
P O A C A C U D E
N N C O P E T R
C U A A R F P T O
K L M A W Q I N B
P A R C C I T B G
P A O F I S S O A
M K F O F D S S C

4
A formação continuada dos professores como um aspecto essencial no desenvolvimento profissional docente

> **preste atenção!**
>
> Neste capítulo trataremos sobre a formação continuada dos professores, buscando compreender o que é a formação continuada e qual sua importância para o desenvolvimento profissional docente. Apontaremos, também, algumas das suas características principais, como as diferentes formas de organização, as modalidades de ensino que podem ser utilizadas, as condições relacionadas à sua oferta, os conteúdos que podem ser abordados.

Discutiremos ainda sobre as tendências atuais nesse campo, tendências essas que podem ser observadas nos textos que tratam sobre o assunto e em propostas de formação continuada desenvolvidas atualmente em nosso país.

4.1 A importância e a necessidade da formação continuada

A formação continuada é parte constitutiva do processo de desenvolvimento profissional docente, pois o trabalho do professor exige que ele esteja constantemente se atualizando em relação aos conhecimentos produzidos pela sociedade. É importante lembrar que os conhecimentos não são eternos e imutáveis, mas, ao contrário, sofrem constantes transformações que ocorrem, à medida que também se transformam, histórica e socialmente, as condições materiais da nossa existência. Assim, ao longo da nossa história, modificam-se as relações de trabalho, modificam-se as relações sociais e modifica-se a cultura de modo geral. E essas transformações ocorrem cada vez mais rapidamente no mundo atual, basta verificarmos os constantes avanços no campo da ciência e das tecnologias.

Sendo assim, a formação continuada é uma exigência para todos os profissionais que querem se manter atualizados, além de ser uma exigência específica do trabalho docente e uma condição fundamental para que seja possível a realização da função social da escola: a garantia da efetivação do processo

> Os conhecimentos não são eternos e imutáveis, mas, ao contrários, sofrem constantes transformações que ocorrem à medida que também se transformam, histórica e socialmente, as condições materiais da nossa existência.

ensino-aprendizagem. Quanto mais bem preparado o professor, quanto mais atualizado em relação aos conhecimentos que leciona, em relação ao mundo em que vive, mais relações poderá estabelecer entre os conhecimentos e a realidade, possibilitando aos seus alunos, aulas mais interessantes, criativas e motivadoras.

> "Ensinar não é tarefa que qualquer um esteja qualificado para fazer. Ensinar exige o domínio dos conhecimentos científicos que envolvem tal ação."

Nesse sentido, a importância da formação continuada dos professores está relacionada com a ideia de que por meio dela é possível contribuir para ampliar e aprofundar os conhecimentos dos professores e, dessa forma, contribuir para a qualidade do ensino ofertado à maioria da população.

Da mesma forma que no caso da formação inicial, a importância e a necessidade da formação continuada de professores também estão relacionadas à defesa de que existe um conhecimento científico próprio da profissão docente. Ensinar não é tarefa que qualquer um, indistinta e instintivamente (por dom, missão ou vocação), esteja qualificado para fazer. Ensinar, especialmente crianças e jovens, exige o domínio de conhecimentos científicos que envolvem tal ação (conhecimentos sobre psicologia do desenvolvimento e da aprendizagem, conhecimentos didáticos, conhecimentos específicos das disciplinas, para citar apenas alguns).

pense a respeito
Se nem todos podem ser considerados naturalmente médicos ou engenheiros, como podemos crer que qualquer um pode ser professor?

Assim, reforçamos a ideia de que é de suma importância uma formação inicial de professores sólida e de qualidade e, como o conhecimento na nossa sociedade está constantemente se modificando, se ampliando, é preciso que o professor continue a estudar para além da sua formação inicial, ou seja, formação continuada. Essa formação pode contribuir para que o professor esteja constantemente revendo suas práticas, analisando-as à luz das teorias pedagógicas e redimensionando sua ação na busca da indissociabilidade entre teoria e prática. Como indica Bernardo (2004, p. 1):

> *Na literatura educacional, parece haver consenso em torno da ideia de que nenhuma formação inicial, mesmo a oferecida em nível superior, é suficiente para o desenvolvimento profissional (Candau, 2001; Santos, 1998). Esse consenso põe em destaque a necessidade de se pensar uma formação continuada que valorize tanto a prática realizada pelos docentes no cotidiano da escola quanto o conhecimento que provém das pesquisas realizadas na universidade, de modo a articular teoria e prática na formação e na construção do conhecimento profissional do professor.*

E é sobre esse conhecimento próprio da ação docente (teórico-prático) e as possibilidades de sua apropriação pelo professor no campo específico da formação continuada, ou da sua qualificação em serviço, que buscaremos levantar alguns aspectos para reflexão.

4.2 Os diferentes processos de formação continuada

A formação continuada envolve todos os processos formativos realizados após o curso de formação inicial. Esses processos podem ocorrer de diversas formas, como por meio de cursos de aperfeiçoamento, de extensão, de especialização, seminários, oficinas pedagógicas, congressos, eventos, fóruns, grupos de estudo, trocas de experiência, horas-atividade, entre outros. Também podem se realizar tanto na modalidade presencial, quanto a distância.

> **importante!**
> Os diversos programas de formação continuada de professores podem ser ofertados pelas próprias escolas ou pelas mantenedoras, no caso da educação pública, pelas Secretarias Municipais e Estaduais de Educação, e também pelo governo federal.

Existem, no âmbito do setor privado, várias ofertas de cursos de formação continuada, sob formas diversas e com temáticas variadas.

De modo geral, podemos dizer que a formação continuada deve ser organizada levando em consideração os seus objetivos, as suas finalidades, o conteúdo ou temática em estudo, o tempo destinado para a formação, a possibilidade de investimento financeiro e de condições materiais. Todas as possibilidades elencadas anteriormente trazem consigo especificidades e limites que precisam ser considerados, mas podem ser proveitosas, desde que organizadas na perspectiva de considerar a prática pedagógica desenvolvida nas escolas como seu ponto de partida e de chegada.

4.2.1 A formação continuada realizada na própria instituição de ensino

Iniciamos destacando que a equipe pedagógico-administrativa da instituição de ensino tem um papel fundamental na formação continuada dos professores, que pode ser organizada e realizada no interior das escolas. Cabe à direção e aos pedagogos da instituição escolar o desenvolvimento de estratégias formativas, sistemáticas e coletivas, que busquem incentivar o estudo e a pesquisa a partir da realidade escolar. Assim, ao levar em conta, no processo de formação continuada, o contexto em que os professores trabalham e para o qual se volta a sua formação, estamos considerando que o professor é um trabalhador da educação, e, como lembra Kuenzer (2002, p. 301), o trabalhador:

> *se educa no e a partir do seu processo de trabalho, com apoio da formação teórica adquirida nos cursos de formação inicial e continuada; mas é no trabalho, e através das relações estabelecidas a partir dele, que se constroem as competências profissionais, pela articulação entre conhecimento e intervenção.*

pense a respeito! De que forma a escola, como instituição, e a equipe pedagógico-administrativa, diretamente responsável pela organização do trabalho pedagógico da escola, podem procurar criar espaços que possibilitem ao professor a formação continuada?

Já existem, na maioria das escolas brasileiras, alguns espaços ou momentos que podem, dependendo da forma como forem organizados, colaborar para a formação dos professores: as reuniões pedagógicas, os conselhos de classe, o conselho de escola, o processo de elaboração e implementação do projeto político-pedagógico, a hora-atividade ou horário de permanência. Esses espaços ou momentos, se organizados com essa finalidade, podem contribuir para propiciar a reflexão teoricamente fundamentada sobre a prática e para o estabelecimento de relações coletivas na instituição escolar com vistas à efetivação do projeto político-pedagógico. A formação continuada dos professores pode, nesse sentido, contribuir para a constituição de uma prática pedagógica que seja pensada, fundamentada, planejada intencionalmente e voltada para o fortalecimento de um projeto de transformação social.

> Cabe à direção e aos pedagogos da instituição escolar o desenvolvimento de estratégias formativas, sistemáticas e coletivas, que busquem incentivar o estudo e a pesquisa a partir da realidade escolar.

Você se lembra do método de ensino sob a perspectiva da pedagogia histórico-crítica que estudamos no Capítulo 2?

Ótimo, pois agora, pensaremos sobre as formas de realização de uma proposta de formação continuada a ser executada no interior das escolas, utilizando o método proposto por Saviani (1992), mas relacionado com uma proposta voltada para a formação de professores.

A partir da compreensão de Saviani (1992), sobre a questão do método de ensino, podemos entender que a formação continuada dos professores pode ter como ponto de partida a prática cotidiana do professor, a realidade por ele vivenciada junto aos seus alunos e na escola em que leciona (prática social). A partir daí, podemos buscar levantar questionamentos a respeito da prática vivenciada (problematização), identificando que conhecimentos podem ser relevantes para que o professor tenha condições de buscar fundamentação teórica e metodológica (instrumentalização). Assim, os estudos realizados coletivamente, no processo de formação continuada, podem contribuir para que o professor retorne à sala de aula com uma compreensão mais orgânica da prática pedagógica (catarse), e possa desenvolver seu trabalho transformando-o qualitativamente (nova prática social) (Soares, 2007).

Parece-nos que esse caminho pode ser adequado no sentido de organizar esses momentos ou espaços citados anteriormente, pois a prática social é considerada, ao mesmo tempo, o ponto de partida e o ponto de chegada do processo de formação. Assim, a formação continuada deveria partir dos problemas reais encontrados pelo professor no desenvolvimento do seu trabalho (por exemplo: a não aprendizagem dos alunos em alguma área específica do conhecimento), buscar fundamentação teórico-metodológica (estudar, discutir, debater) sobre tais problemas e retornar ao trabalho pedagógico na sala de aula, desenvolvendo-o de maneira diferenciada, enriquecida pelos estudos realizados coletivamente. Nessa perspectiva, entre o momento inicial (a prática social) e o momento final (a nova prática social), o que se coloca como fundamental é o elemento de mediação: o acesso ao conhecimento que possibilite ao professor melhor compreender sua prática cotidiana para poder transformá-la de forma significativa. Como diz Vázquez (1968), ao citar Saviani (1992, p. 82-83):

> *A teoria em si [...] não transforma o mundo. Pode contribuir para a sua transformação, mas para isso tem que sair de si mesma, e, em primeiro lugar tem que ser assimilada pelos que vão ocasionar, com seus atos reais, efetivos, tal transformação. Entre a teoria e a atividade prática transformadora se insere um trabalho de educação das consciências de organização dos meios materiais e planos concretos de ação; tudo isso como passagem indispensável para desenvolver ações reais, efetivas. Nesse sentido, uma teoria é prática na medida em que materializa, através de uma série de mediações, o que antes só existia idealmente, como conhecimento da realidade ou antecipação ideal de sua transformação.*

Assim, a partir do entendimento da relação entre teoria e prática de Vázquez, há a necessidade de que a escola elabore seu projeto político-pedagógico incluindo, também, a elaboração de um plano de formação docente que, se for discutido e elaborado coletivamente pelos profissionais envolvidos na sua execução, pode contribuir para a definição de prioridades, a escolha mais adequada dos meios para o estudo e planejamento das aulas e para a organização do tempo escolar, entre outros aspectos.

Como exemplo, digamos que, numa determinada escola, já se saiba em quais áreas do conhecimento e em quais séries estão as maiores dificuldades de ensino-aprendizagem. Se o principal problema da escola é, digamos, o baixo índice de aprendizagem na disciplina específica de matemática, essa escola precisa atuar de forma coletiva, sistemática e organizada no sentido de melhorar e superar esta situação. Caberia, então, à equipe pedagógico-administrativa da instituição, verificar e refletir com os professores, em discussões coletivas (reuniões pedagógicas ou nas horas-atividade) sobre quais são as dificuldades, os limites e os problemas com que se defrontam no dia a dia da escola, da sala de aula, com seus alunos (prática social), assim, a dificuldade de aprendizagem na disciplina de matemática, retomando nosso exemplo, poderia ter seus motivos discutidos e até sanados.

No entanto, cabe ressaltar que a reflexão que propomos aqui não é apenas sobre a prática, mas teoricamente fundamentada sobre a prática, que busque assumir um **sentido radical, rigoroso e de conjunto**. É radical, pois busca ir à raiz dos problemas; é rigoroso, pois exige método, sistematicidade, planejamento; e, é de conjunto, pois necessita de contextualização, estabelecendo sempre uma relação entre a parte e o todo. A reflexão, assim entendida, procurará ultrapassar o âmbito restrito da aparência, do imediato, do superficial, e ir em direção à compreensão, por parte do professor, dos fundamentos que sustentam sua ação docente.

A partir do momento da problematização, do conhecimento dos conteúdos que os alunos já dominam e dos que ainda não dominam, de quais são as dificuldades, de como tem sido elaborado o planejamento das aulas, de quais as metodologias que têm sido utilizadas, de que concepção de ensino e de aprendizagem tem orientado a prática docente etc. é que se poderia buscar identificar quais são os conhecimentos necessários para que o professor possa se instrumentalizar teórica e praticamente (instrumentalização). Em outras palavras: é preciso identificar o que precisamos estudar, o que precisamos saber mais para ampliar nossas possibilidades de atuação.

Digamos que, na escola contemporânea, por meio das discussões realizadas e com a mediação da equipe pedagógico-administrativa, se identifique que as maiores dificuldades quanto ao desenvolvimento do processo ensino-aprendizagem, na área específica de matemática, estejam no trabalho a ser realizado a partir de situações-problema. Consequentemente seria apontada a necessidade de estudar a concepção de ensino da área de matemática para, a partir dela, propor encaminhamentos metodológicos pertinentes e coerentes.

> **importante** Caberia, então, à equipe pedagógico-administrativa sistematizar o plano de formação continuada dos professores, submeter esse plano à discussão e à apreciação do grupo e buscar os meios para que ele se efetive, considerando, é claro, os limites e as possibilidades das condições concretas da escola.

Esse plano de formação continuada pode ser desenvolvido a partir da seleção de textos para estudo nas horas-atividade ou reuniões pedagógicas, organizando-se e ofertando-se palestras e encontros com profissionais da área do conhecimento em estudo, professores de outras escolas ou de universidades, por exemplo, ou buscando a participação em cursos e eventos da área e solicitando o apoio necessário à mantenedora para a realização dos estudos e modificações na prática escolar etc.

Todo esse processo de reflexão pode possibilitar que sejam incorporados os instrumentos culturais (catarse), no sentido de contribuir com um projeto de transformação social. Dessa forma é possível retornar à própria prática social, da qual, na verdade, jamais nos retiramos. Houve, sim, se assim é possível dizer, um distanciamento para olhá-la com maior profundidade, o que possibilita falarmos em nova prática social. Nesse sentido, o professor pode retornar à sala de aula, à sua prática cotidiana, realimentado pelos conhecimentos que lhe possibilitam melhor compreender a sua ação docente. E, podemos dizer que esse processo de formação continuada realizado no âmbito da própria escola poderia auxiliar o professor a transformar qualitativamente a sua prática.

Também é importante destacarmos que os problemas encontrados no chão da escola são parte de um todo, complexo e contraditório, que é a sociedade capitalista, o que implica, necessariamente, considerarmos a relação dialética entre parte e todo, a necessidade de ir além dos muros escolares para entender a própria escola e seus problemas. Assim, ressaltamos

> O processo de formação continuada realizado no âmbito da própria escola poderia auxiliar o professor a transformar qualitativamente a sua prática.

que esse processo de formação continuada, desenvolvido no interior da escola, não ocorre sem conflitos, sem problemas, sem que haja no caminho discordâncias, debates, divergências, resistências etc. Afinal, é por meio das discussões coletivas e da reflexão de cada um que pode haver o desenvolvimento de uma prática individual e coletiva, qualitativamente melhor.

> **importante!** Portanto, afirmamos neste item a importância da formação continuada dos professores que se realiza no âmbito da escola, que é possível organizar sistemática e intencionalmente espaços de discussão coletiva acerca da prática pedagógica, e o papel fundamental da equipe pedagógico-administrativa nesse processo.

4.2.2 A formação continuada ofertada pelas mantenedoras do ensino

Cursos de formação continuada podem e devem ser ofertados pelas mantenedoras das redes de ensino, e essa oferta pode envolver diversos tipos de estratégias formativas como, por exemplo, minicursos, oficinas pedagógicas, palestras, seminários, entre outros. Tais estratégias podem ser organizadas com carga horária diferenciada, de acordo com os objetivos e o conteúdo dos cursos.

No âmbito da rede pública, são as Secretarias Municipais e Estaduais, além do próprio Ministério da Educação (MEC), que propõem e desenvolvem programas voltados à formação dos seus professores. A esse respeito a LDBEN –

Lei nº 9.394/1996 – estabelece no art. 67 que "os sistemas de ensino promoverão a valorização dos profissionais da educação, assegurando-lhes, inclusive nos termos dos estatutos e dos planos de carreira do magistério público: [...] II – aperfeiçoamento profissional continuado, inclusive com licenciamento periódico remunerado para esse fim; [...]"

Assim, há algum tempo há a preocupação com o estabelecimento de políticas públicas voltadas à formação continuada dos professores, em especial daqueles que atuam na educação básica. A esse respeito Gatti (2008, p. 58) afirma:

> *Nos últimos anos do século XX, tornou-se forte, nos mais variados setores profissionais e nos setores universitários, especialmente em países desenvolvidos, a questão da imperiosidade de formação continuada como um requisito para o trabalho, a ideia da atualização constante, em função das mudanças nos conhecimentos e nas tecnologias e das mudanças no mundo do trabalho. Ou seja, a educação continuada foi colocada como aprofundamento e avanço nas formações dos profissionais. Incorporou-se essa necessidade também aos setores profissionais da educação, o que exigiu o desenvolvimento de políticas nacionais ou regionais em resposta a problemas característicos de nosso sistema educacional.*

O desenvolvimento de políticas públicas voltadas à formação continuada de professores gerou, na prática de várias redes públicas de ensino, propostas diversas voltadas a essa finalidade. Ao longo das últimas décadas, vários estados e municípios desenvolveram propostas de formação continuada de seus professores buscando, de forma mais ou menos elaborada, a articulação com a concepção de educação e a proposta curricular almejada.

A diversificação da quantidade e da qualidade dos cursos de formação continuada propostos desencadeou, também, a preocupação de estudiosos e pesquisadores na área com os critérios utilizados para a escolha dos cursos e conteúdos abordados. De acordo com Gatti (2008, p. 60-61):

Com a multiplicação da oferta de propostas de educação continuada, apareceram preocupações quanto à "criteriosidade", validade e eficácia desses cursos, nas discussões da área educacional em geral, nas falas de gestores públicos da educação, em instituições da sociedade civil financiadoras de iniciativas dessa natureza e nas discussões e iniciativas dos legisladores. Essa preocupação apresentou-se, por exemplo, em alguns administradores públicos, que em seu campo de atuação implementaram, ou encontraram em implementação, programas de educação continuada para professores ou outros segmentos escolares. Alguns desses administradores já vinham tomando medidas para tentar garantir certa qualidade a esses programas na seara pública, com estabelecimento de critérios, em editais e resoluções executivas, para as instituições que se responsabilizariam pelos trabalhos, investindo nas mais credenciadas, com financiamento de avaliações externas para acompanhamento das ações formativas nessa modalidade ou estruturando essas iniciativas com seus próprios quadros.

Entre os principais problemas encontrados na formação continuada ofertada pelas mantenedoras nas redes públicas de ensino, podemos citar a falta de continuidade entre os programas desenvolvidos de acordo com cada gestão governamental e também a fragmentação de ideias e conteúdos entre os diversos cursos e programas ofertados. Assim, sobre a falta de continuidade dos programas ofertados, indicamos que há, em várias redes de ensino, a diversificação dos cursos e propostas voltadas à formação continuada dos professores, entretanto, essa diversificação, que poderia ser considerada um aspecto positivo, acaba muitas vezes sendo também apenas a expressão de propostas pontuais de formação que não apresentam, entre si, qualquer forma de articulação evidente. Isso ocorre muitas vezes quando há trocas de governo (gestões), quando se rompe completamente com a história anterior e o caminho formativo que vinha sendo trilhado pelos professores. E, no caso da fragmentação dos cursos de formação continuada, referimo-nos aos conteúdos desses cursos, quando a grande variedade de cursos ofertados não expressa articulação entre si que indique ao menos sua relação no que se refere à proposta curricular do estado ou município.

Em se tratando de política pública voltada à formação e valorização dos profissionais da educação, há a necessidade de que os certificados de realização dos cursos sejam aceitos e reconhecidos para o crescimento na carreira dos professores, refletindo ganhos reais, inclusive nos avanços em termos de salário. Assim, é preciso que os estatutos e planos de carreira dos servidores públicos na área da educação contemplem esse reconhecimento da formação continuada dos professores. Essa relação com o crescimento na carreira, e consequentemente no salário, se apresenta no sentido de que os professores devem ser incentivados a continuar estudando e se aperfeiçoando continuamente e, para tanto, são necessários recursos, inclusive financeiros.

> **importante!** Ressaltamos neste item a importância de que haja oferta pelas mantenedoras de cursos de formação continuada aos seus professores, garantindo não apenas a quantidade da oferta, mas também a qualidade. Nesse sentido, há a necessidade de que os governos, em seus diferentes níveis (municipal, estadual ou federal), estabeleçam uma política voltada à formação continuada dos professores e comprometida com a qualidade da educação oferecida à população.

4.2.3 A formação continuada realizada pelas instituições de ensino superior

Outra possibilidade em relação à oferta de cursos de formação continuada diz respeito aos cursos ofertados pelas instituições de ensino superior, como faculdades e universidades. Essas instituições costumam oferecer cursos de extensão, aperfeiçoamento, especialização, mestrado e doutorado, além de organizar seminários, congressos e outros eventos na área educacional. Esses cursos, com temáticas diversas, podem contribuir para que o professor continue estudando, mesmo após o término de sua formação inicial.

Segundo Pimenta (2005), uma vez que as propostas de pesquisa colaborativa estão entre as estratégias mais usadas pelas instituições de ensino superior para a formação continuada, é necessário criar nas escolas uma cultura crítica de discussão dessas práticas de ensino realizadas, e que dessa forma possibilite que os professores transformem suas ações em práticas institucionais. Então, a partir disso entendemos que, auxiliados pelos acadêmicos, os professores passam ao papel de colaboradores das pesquisas acadêmicas que tratam da prática docente (Soares, 2008).

Vejamos a diferença entre cooperação e colaboração exposta por Costa (2005, p. 5):

> *Na cooperação, uns ajudam os outros (co-operam), executando tarefas cujas finalidades geralmente não resultam de negociação conjunta do grupo, podendo haver subserviência de uns em relação a outros e/ou relações desiguais e hierárquicas. Na colaboração, por sua vez, todos trabalham juntos (co-laboram) e se apoiam mutuamente, visando atingir objetivos comuns negociados pelo coletivo do grupo.*

Essa compreensão da formação continuada acredita que as pesquisas não devem ser realizadas sobre o professor, mas com o professor, valorizando sua capacidade de produzir conhecimentos sobre o seu trabalho. O docente passa a ser "ouvido" pelo pesquisador da instituição de ensino superior, e ganha "voz na pesquisa", deixando de ser visto como "reprodutor de saberes alheios, já que ele tem coisas a dizer e a fazer na realidade" (Ferreira; Reali, 2005, p. 5-6).

A pesquisa colaborativa, à medida que proporciona o contato dos professores da educação básica com professores das instituições de ensino superior, pode permitir a discussão e reflexão crítica sobre a prática pedagógica realizada nas escolas, além de estimular o estudo e o registro das ações educativas. Dessa forma:

> As pesquisas não devem ser realizadas sobre o professor, mas com o professor, valorizando sua capacidade de produzir conhecimentos sobre o seu trabalho.

> *são diversos estudos que evidenciam o potencial formativo dessa colaboração, pela possibilidade de trazer para o campo de discussão do trabalho educativo, pelos próprios professores, a realidade das escolas, suas práticas, anseios e problemas. Por outro lado, a proximidade dos professores da universidade com a escola real permite-lhes um deslocamento de posições genéricas e abstratas sobre essa realidade e o reconhecimento de necessidades e desafios que ela impõe à efetivação do trabalho docente. Sem dúvida, é uma parceria que provoca o aprofundamento da teoria educacional, pelo seu potencial formativo que se estende a todos os envolvidos.* (Almeida, 2006)

4.2.4 A formação continuada realizada por meio da educação a distância

Outra possibilidade, no que se refere à formação continuada, são os cursos de educação a distância – EaD, que nos últimos anos têm sido foco e fonte de verbas para iniciativas como os programas apresentados a seguir, oferecidos pelo MEC:

- TV Escola: é um canal de televisão do Ministério da Educação, destinado aos educadores da rede pública, em funcionamento desde 1996. Trata-se de um projeto da Secretaria de Educação a Distância, dirigido à capacitação, à atualização e ao aperfeiçoamento de professores da educação básica, e que, segundo dados do Instituto Nacional de Estudos e Pesquisas – Inep (2006) – atinge 400 mil professores em 21 mil escolas públicas do país.
- Formação pela Escola: é um projeto do Fundo Nacional de Desenvolvimento da Educação – FNDE em parceria com a Secretaria de Educação a Distância, do MEC. Destina-se à formação continuada, na modalidade a distância, e tem como objetivo contribuir para o fortalecimento da atuação das pessoas envolvidas com execução, acompanhamento, avaliação, controle e prestação de contas de programas do FNDE.
- Mídias na Educação: é um programa de EaD, com estrutura modular, que tem objetivo de proporcionar formação continuada para o uso pedagógico das diferentes tecnologias da informação e da comunicação (TV e vídeo, informática, rádio e impressos), de forma integrada ao processo de ensino e aprendizagem, aos profissionais de educação. É desenvolvido pela Secretaria do Estado da Educação – Seed/MEC, em parceria com as Secretarias de Educação e com instituições públicas de educação superior, que são responsáveis pela produção, oferta e certificação dos módulos.

- Universidade Aberta do Brasil – UAB: é uma iniciativa do MEC que propõe a parceria entre estados e municípios e as universidades públicas, de modo a estabelecerem acordos de cooperação. Por meio desses acordos, os entes federados mantêm polos de apoio presencial para acolher professores sem curso superior ou garantir formação continuada aos já graduados. As universidades públicas, por sua vez, oferecem cursos de licenciatura e especialização, especialmente onde não exista oferta de cursos presenciais.

Estes são apenas alguns exemplos de programas que foram criados na modalidade EaD e que têm por objetivo a qualificação e o aperfeiçoamento dos professores da educação básica, utilizando, para tanto, os recursos das tecnologias nas áreas da informação e da comunicação.

4.3 Algumas tendências no campo da formação continuada de professores

É comum, por parte de estudiosos na área educacional, a crítica ao modo como os cursos de formação continuada estão sendo implementados. Alguns autores apontam a pouca eficácia sobre a prática cotidiana das escolas, dos cursos de atualização e aperfeiçoamento que são ofertados pelas próprias escolas, pelas secretarias de educação e pelas universidades. O centro da crítica elaborada pela maioria desses autores diz respeito ao fato de as propostas de formação continuada dos professores não levarem em consideração a própria escola como local privilegiado para essa formação acontecer. Assim, alguns autores indicam que o objeto do processo de formação continuada deve ser a escola e as práticas escolares nela desenvolvidas e, nesse sentido, o centro do processo de formação continuada seria o professor. A esse respeito Bernardo (2004, p. 1-2) ressalta:

> *a formação continuada é necessária não somente para tentar minimizar as lacunas da formação inicial, mas por ser a escola um espaço (locus) privilegiado de formação e de socialização entre os professores, onde se atualizam e se desenvolvem saberes e conhecimentos docentes, e se realizam trocas de experiências entre pares.*

Em geral é possível dizer que o que marca, de forma mais incisiva na contemporaneidade, o campo da formação continuada de professores é o fato de que as pesquisas realizadas nessa área apontam para a necessidade de ações formativas pautadas na prática, no cotidiano escolar, na troca de experiências, na resolução de problemas que se manifestam no dia a dia da escola. Logo, as tendências contemporâneas, apontam também para a necessidade de ênfase no professor reflexivo, no professor pesquisador e na valorização das histórias de vida dos professores.

A abordagem do **professor reflexivo** costuma indicar a necessidade de formar um professor capaz de utilizar a reflexividade no seu dia a dia, em outras palavras, um docente que reflete sobre sua prática constantemente. O conceito de professor reflexivo tem sua base nos escritos de Donald Schön (1997-1998). Sobre essa abordagem Jordão (2004, p. 1) destaca:

> *A formação de professores ganharia uma outra dimensão, passando a ser centrada na investigação do próprio trabalho em sala de aula e na escola (Nóvoa, 1992; Zeichner, 1992). Essa nova maneira de conceber a formação docente se baseia na ideia de que o professor deve desenvolver a capacidade de refletir sobre a sua própria prática, de modo a tornar explícitos os saberes tácitos, provenientes de sua experiência.*

A respeito da formação do professor pesquisador, autores de renome no Brasil têm defendido essa proposta, entre os quais Lüdke (2001a; 2001b), Fazenda (2006) e André (1998, 2004, 2007). De acordo com Romanowski (2007, p. 159-160):

> *Destaca-se que o professor pesquisador opta por lutar pela formação continuada, faz da pesquisa a base do ensino, amplia as capacidades e aperfeiçoamento autogestionado de sua prática. Entende as possibilidades do desenvolvimento do currículo como o meio de pesquisa e em contraposição a uma postura técnica limitada à execução, e introduz na ação cotidiana uma postura autocrítica. A investigação poderá resultar na percepção do tempo como um espaço de produção, ou seja, à medida que o professor pesquisa a sua prática, reconhece a importância e o valor das atividades em relação aos propósitos.*

Sobre a valorização das histórias de vida dos professores, outra tendência no campo da formação continuada, é possível dizer que:

> *"de modo geral, se enfatiza a necessidade de considerar os depoimentos, os relatos, as falas dos professores sobre o dia a dia da sala de aula e da escola, suas preocupações, suas angústias, suas concepções a respeito do seu trabalho. Tais depoimentos são vistos como instrumentos eficazes para que os professores 'reflitam sobre a própria prática' e a partir daí redimensionem-na. Nesta perspectiva, as narrativas e histórias de vida são consideradas importantes possibilidades para o processo de formação de professores"* (Soares, 2008).

Ainda sobre esse aspecto, Azambuja e Oliveira (2000, p. 4), destacam:

> *A história oral aparece como uma metodologia que permite ao entrevistado dar vida à sua própria história. E rever experiências, com a possibilidade de retomá-las, reconstruindo-as na prática. A história de vida está colocada como um recorte no processo de formação, que vai desde o Ensino Fundamental até a docência. Assim, a reconstituição da história individual permite reinterpretações de si próprio, de processos e práticas de ensino, realizando, desta forma, a aproximação de contexto e processos através de uma história singular de vida.*

Portanto, há na área educacional, sem dúvida, a valorização da formação continuada dos professores, no entanto, é preciso tomar cuidado com alguns aspectos relacionados a essa valorização, em especial para que ela não se dê secundarizando a importância e a necessidade da formação inicial.

É importante, então, ressaltar que a formação continuada não pode ser considerada mais ou menos importante que a formação inicial, e também que ela não é uma forma de cobrir lacunas dessa formação.

> A reflexão sobre a prática cotidiana é necessária, mas não basta, é preciso potencializá-la para que não se reduza à repetição mecânica.

A formação continuada, portanto, não deve ter sua base apenas no "saber fazer", na prática, mas, sim, em possibilitar constantemente a discussão sobre a relação entre teoria e prática. Afinal, ser professor exige estudar constantemente, assumir uma postura crítica em relação ao conhecimento. Nesse sentido, a reflexão sobre a prática cotidiana é necessária, mas não basta, é preciso potencializá-la para que não se reduza à "repetição mecânica, [ao] ativismo pedagógico ou [ao] voluntarismo político" (Frigotto, 1996, p. 99).

Síntese

Neste capítulo tratamos sobre a formação continuada dos professores e abordamos questões referentes à sua importância, necessidade e características. Vimos que os professores, para além da sua formação inicial, precisam atualizar-se constantemente em relação aos conhecimentos produzidos histórica e coletivamente na nossa sociedade. Esse entendimento está relacionado com a própria possibilidade da realização da função social da escola. Indicamos a possibilidade de a formação continuada se basear na reflexão teoricamente fundamentada sobre a prática, buscando garantir a unidade teoria e prática.

Indicações culturais

NENHUM a menos. Direção: Zhang Yimou. China: Guangxi Film, 1998. 1 DVD 106 min.

O filme trata sobre uma jovem professora de 13 anos que substitui o professor regente/titular e sua busca em aprender sobre a profissão e sobre os alunos. A professora faz de tudo para que um dos alunos não desista de estudar. Além de discutir o problema da evasão escolar, o filme pode contribuir no sentido de refletirmos sobre a necessidade de perseverança na nossa profissão, o que inclui a necessidade de que estejamos constantemente nos aperfeiçoando.

BRASIL. Ministério da Educação. Portal domínio Público. Disponível em: <www.dominiopublico.gov.br>.Acesso em: 13 Jun. 2011.

Este é um *site* de pesquisa rico em informações culturais (obras literárias) e acadêmicas (teses e dissertações) sobre temas diversos. Pode auxiliar os professores na busca de conhecimentos gerais e específicos a respeito das áreas do conhecimento em que lecionam. Traz uma série de publicações sobre educação.

Atividades de autoavaliação

1. Na atualidade, além de uma formação inicial sólida e de qualidade, precisamos considerar a importância da formação continuada dos professores. Sobre essa questão é correto afirmar:

    I. A formação continuada ou qualificação em serviço está relacionada à própria especificidade do trabalho docente que se insere no âmbito do conhecimento elaborado/científico e, portanto, em constante atualização.
    II. A formação continuada pode ser realizada na forma de cursos, palestras, trocas de experiências, congressos, seminários, estudos realizados na própria escola etc.
    III. A formação continuada deve ser fragmentada e pontual, tratando de assuntos diversificados.
    IV. A formação continuada pode ser ofertada pelas mantenedoras do ensino aos professores, no âmbito da rede privada de ensino ou da rede pública, pelas Secretarias de Educação nas quais estes trabalham.

    Estão corretas as alternativas:
    a. I, II e III.
    b. II, III e IV.
    c. I, II e IV.
    d. I, III e IV.

2. O professor iniciante, além da limitação de conhecimentos da prática e da experiência, necessita aprofundar seus conhecimentos teóricos. Para tanto, é possível afirmar que esse professor precisa imediatamente de:
   a. nova formação inicial que lhe permita ampliar seus conhecimentos em outra área, não necessariamente no campo da educação.
   b. formação continuada que lhe dê apoio desde o início da carreira, auxiliando-o a repensar constantemente a sua prática e buscar alternativas metodológicas para a realização do trabalho educativo.
   c. ingressar na pós-graduação, pois apenas um curso de mestrado ou doutorado é capaz de subsidiá-lo nesse processo inicial da carreira.
   d. experiência profissional, pois somente o âmbito da prática cotidiana é capaz de lhe dar mais segurança para realizar seu trabalho. Para tanto, apenas o tempo de trabalho dará ao professor êxito em sua profissão.

3. A respeito da formação continuada dos professores é incorreto afirmar:
   a. Entre os maiores problemas para organizar a formação continuada, incluem-se: falta de verbas, dificuldade para liberação do professor para participação nos cursos, falta de local adequado e falta de articulação escola-universidade.
   b. A formação continuada é uma exigência para os tempos atuais; como o conhecimento está em

constante aprimoramento, o professor também precisa manter-se atualizado.

c. Atualmente não há valorização da formação continuada, e existem poucas experiências nesse sentido no nosso país, dado que não existem reivindicações dos professores a esse respeito.

d. Para o sucesso de um programa de formação continuada, é inevitável um diagnóstico das necessidades formativas dos professores. Partir da realidade local e das dificuldades dos docentes no desenvolvimento do seu trabalho pode ser uma ótima estratégia para organizar os cursos.

4. O processo da formação do professor envolve tanto a formação inicial quanto a formação continuada. É incorreto afirmar:

a. Reconhecer que a formação continuada pode contribuir para a melhoria da educação significa compreender a importância da profissionalização dos professores.

b. Os programas de formação continuada que não têm continuidade são ações isoladas e com contribuição restrita ao desenvolvimento dos professores.

c. O processo permanente de constituição dos professores como sujeitos e como coletivo de profissionais no enfrentamento dos problemas da prática é um permanente desafio.

d. A formação continuada está diretamente relacionada ao curso de formação inicial realizado pelo professor.

Assim, quanto melhor for a formação inicial, melhor será também a formação continuada.

5. As afirmações abaixo tratam sobre a questão da formação de professores na atualidade. Marque (I) para as frases que se referem à formação inicial e (C) para as frases que se referem à formação continuada:

( ) Pode ser realizada em cursos de nível médio ou cursos de graduação em nível superior.

( ) A LDBEN – Lei nº 9.394/1996 – indica que deve preferencialmente ocorrer no nível superior.

( ) Pode ser realizada no âmbito da própria instituição de ensino, por exemplo, nas horas--atividade e em reuniões pedagógicas.

( ) Envolve cursos diversos realizados pelos professores no decorrer de seu desenvolvimento profissional, tais como: cursos de especialização, aperfeiçoamento, seminários, congressos etc.

( ) Quando realizada na própria escola, sob a mediação do pedagogo, pode desencadear discussões, estudos e propostas de intervenção a respeito das dificuldades encontradas no processo ensino-aprendizagem.

Agora marque a alternativa que corresponde à sequência correta:

a. I, C, I, C, C.
b. C, I, I, C, C.

c. I, I, C, C, C.
d. C, I, C, I, I.

Atividades de aprendizagem

Questões para reflexão

1. Aprofunde seu conhecimento sobre a formação continuada do professor com a leitura do seguinte texto:

    GAMA, M. E.; TERRAZZAN, E. A. Características da formação continuada de professores nas diferentes regiões do país. Disponível em: <http://www.anped.org.br/reunioes/30ra/trabalhos/GT08-3846--Int.pdf>. Acesso em: 30 nov. 2009.

2. Agora, registre seu entendimento sobre a importância e a necessidade da formação continuada para o desenvolvimento profissional docente.

Atividade aplicada: prática

Conheça uma escola próxima à localidade em que você reside e procure descobrir como ocorre a formação continuada dos professores nessa instituição: os cursos que eles frequentam, a forma de organização das reuniões pedagógicas, a realização das horas-atividade etc. Registre suas observações e procure relacioná-las com os estudos realizados.

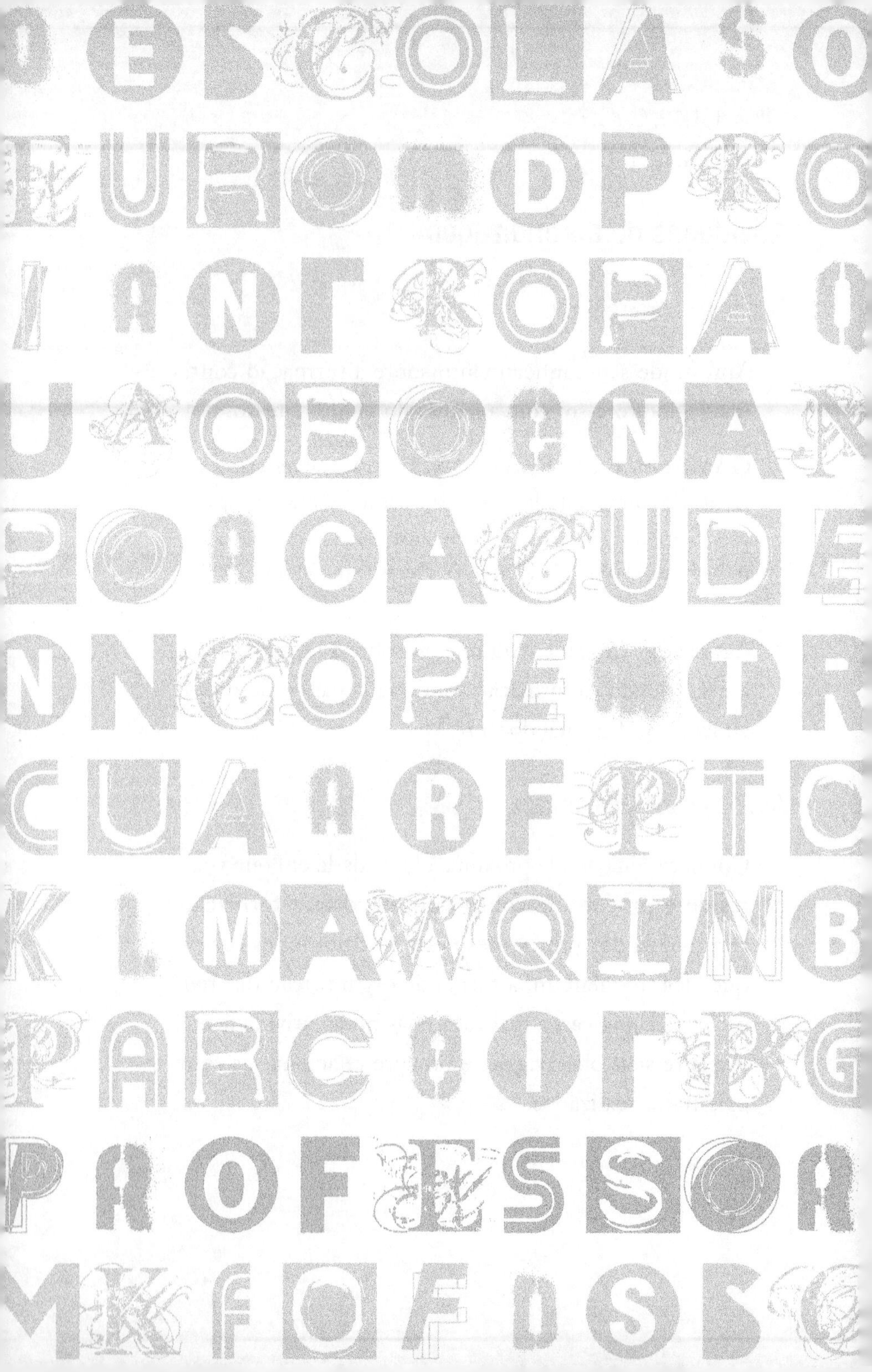

5
A experiência profissional e a formação docente

Nos capítulos anteriores apontamos que a formação dos professores e seu desenvolvimento profissional acontecem ancorados em três dimensões diferentes e articuladas: a formação inicial, a formação continuada e a experiência profissional. Já tratamos, nos Capítulos 3 e 4, sobre a formação inicial e continuada; agora discutiremos a importância da experiência profissional como uma das dimensões da formação dos professores.

preste atenção! Portanto, neste capítulo, destacaremos elementos como as condições de trabalho, o plano de carreira, os salários, o ingresso na carreira por concurso público e a organização sindical, que compõem a experiência profissional docente e que podem contribuir para a formação dos professores.

Tais elementos estão relacionados com a possibilidade de valorização e reconhecimento profissional dos professores na nossa sociedade, e têm implicações diretas em relação ao desenvolvimento da prática pedagógica cotidiana que se realiza no interior das escolas brasileiras. Defendemos o entendimento de que ==o professor pode aprender e se desenvolver profissionalmente por meio da própria prática==, ou seja, por sua experiência profissional. Entretanto, essa prática deve ser constantemente alimentada pela teoria, permitindo seu redimensionamento e enriquecimento para o desenvolvimento de uma ação profissional comprometida com o fortalecimento de um projeto de transformação social.

Para que possamos entender a formação dos professores e os elementos que, de modo geral, marcam sua prática profissional na atualidade, precisamos primeiramente compreender aspectos relacionados ao contexto sócio-econômico-político em que tal prática está inserida.

> **pense a respeito!** Que contexto é esse em que o professor exerce sua profissão? Quais as características da sociedade atual?

Como dissemos no Capítulo 2, em que tratamos sobre o histórico da profissão docente, o professor é sempre um sujeito do seu tempo e que responde às demandas e aos problemas da sua época. À medida que se transformam as relações sociais de produção material da vida humana, transformam-se também os conhecimentos.

Hoje podemos dizer que os aspectos principais que têm determinado a vida humana na nossa sociedade estão relacionados com as proposições, as características e as tendências do capitalismo na contemporaneidade. A esse respeito cabe destacar algumas das mudanças ocorridas nas últimas décadas:

- o processo de reestruturação produtiva desencadeado com a crise do capitalismo a partir dos anos 1970;
- o neoliberalismo;
- a globalização da economia;
- o advento da chamada *sociedade do conhecimento e da informação*;
- as novas formas de gestão no âmbito empresarial;
- a precarização econômica e cultural de grande parte da população;
- a precarização dos empregos;
- os processos de terceirização, privatização, além do aumento do número de trabalhadores informais.

Nesse contexto, o ideário neoliberal* de organização social, política e econômica, vem se definindo como o fundamento de uma nova ordem internacional, de um novo modelo de vida e ideal de homem: flexível, proativo, adaptável às mudanças constantes no mundo produtivo e, de forma geral, na sociedade.

Concomitante a esse novo modelo de homem, de trabalhador, estabelece-se um novo modelo de governo, de Estado. Podemos dizer que o ideário neoliberal tem como um de seus princípios a definição, em termos de governo, de um

* O neoliberalismo, ao menos em sua essência, é o mesmo liberalismo que sustentou o advento e a consolidação do capitalismo a partir da Idade Moderna; um liberalismo (re) adequado as novas demandas dos séculos XX e XXI, adequado ao processo de reestruturação produtiva, ao modelo de acumulação flexível do capitalismo na atualidade. Para saber mais a esse respeito, ver: Harvey (2003).

Estado Mínimo, organizado com base na redução dos gastos públicos, na privatização, no incentivo à globalização da economia e da cultura, na valorização da competência técnica individual e, por consequência, na competitividade. Nesse contexto, ressaltam Hidalgo e Silva (2001, p. VIII):

> *As mudanças no Estado influem incisivamente na organização dos sistemas de ensino de todos os países, a partir de uma retórica empresarial e governamental, que coloca a educação como mecanismo capaz de reverter os problemas sociais e econômicos intensificados com o fortalecimento do capitalismo e de um padrão de acumulação que dispensa cada vez mais a inclusão de grandes contingentes humanos. As desigualdades se aprofundam em todos os países, tanto internamente quanto externamente, ou seja, as desigualdades internas e externas crescem em enormes proporções. A solução apresentada para problemas tão profundos, ligados à lógica do capitalismo é a educação.*

Nesse cenário, a educação é considerada solução para os problemas sociais, como se por meio dela fosse possível resolver tais problemas e promover o desenvolvimento econômico do país. Uma visão salvacionista a respeito da educação e do papel dos profissionais que nela atuam. Esse contexto marcou e, de certa forma, ainda marca a organização educacional brasileira, e consequentemente o trabalho docente.

5.1 A valorização e o reconhecimento profissional docente

As condições de trabalho, o plano de carreira, os salários, o ingresso na carreira por concurso público e a organização sindical dos professores são alguns aspectos que influenciam as condições necessárias para o desenvolvimento da atuação profissional docente.

> **importante!** Sobre a questão das condições de trabalho a que estão submetidos os professores na atualidade, vários estudos e autores apontam para a precariedade de recursos pedagógicos, financeiros e estruturais em relação às escolas; a pauperização econômica e cultural dos professores e as dificuldades que eles enfrentam no dia a dia na escola, como classes superlotadas, vários turnos de trabalho, falta de apoio para o atendimento às dificuldades encontradas no processo ensino-aprendizagem, baixos salários, além da indisciplina e da violência no meio educacional.

Destacamos aqui a posição de Imbernón (2002, p. 43-44):

a profissão docente desenvolve-se por diversos fatores: o salário, a demanda do mercado de trabalho, o clima de trabalho nas escolas em que é exercida, a promoção na profissão, as estruturas hierárquicas, a carreira docente, etc. e, é claro, pela formação permanente que essa pessoa realiza ao longo de sua vida profissional. Essa perspectiva é mais global e parte da hipótese de que o desenvolvimento profissional é um conjunto de fatores que possibilitam ou impedem que o professor progrida em sua vida profissional. A melhora da formação ajudará esse desenvolvimento, mas a melhoria de outros fatores (salário, estruturas, níveis de decisão, níveis de participação, carreira, clima de trabalho, legislação trabalhista etc.) tem papel decisivo nesse desenvolvimento. Podemos realizar uma excelente formação e nos depararmos com o paradoxo de um desenvolvimento próximo da proletarização no professorado porque a melhoria dos outros fatores não está suficientemente garantida.

Atualmente as condições relacionadas ao desenvolvimento profissional docente são estabelecidas na forma da lei, como na Lei de Diretrizes e Bases da Educação Nacional – LDBEN – Lei nº 9.394/1996 –, no Plano Nacional de Educação – PNE –, Lei nº 10.172/2001* – e na Lei do Piso Salarial – Lei nº 11.738/2008**.

A LDBEN estabelece, no seu art. 67, que:

* Disponível em: <https://www.planalto.gov.br/ccivil_03/leis/leis_2001l10172.htm>

** Disponível em: <http://www.planalto.gov.br/ccivil/ato_2007-2010/2008/leil11738.htm>.

> *Art. 67. Os sistemas de ensino promoverão a valorização dos profissionais da educação, assegurando-lhes, inclusive nos termos dos estatutos e dos planos de carreira do magistério público:*
>
> *I – ingresso exclusivamente por concurso público de provas e títulos;*
>
> *II – aperfeiçoamento profissional continuado, inclusive com licenciamento periódico remunerado para esse fim;*

III – piso salarial profissional;
IV – progressão funcional baseada na titulação ou habilitação, e na avaliação do desempenho;
V – período reservado a estudos, planejamento e avaliação, incluído na carga de trabalho;
VI – condições adequadas de trabalho.

■ ■ ■ ■ ■ ■ ■ ■ ■ ■ ■ ■

Assim, a lei maior da educação em nosso país já prevê a garantia de algumas condições mínimas necessárias ao desenvolvimento do trabalho docente. Condições essas, que podem garantir não só as possibilidades de trabalho do professor, mas da instituição escolar como um todo.

O compromisso com a valorização do magistério, como uma ação indispensável para a melhoria da qualidade da educação brasileira, também é afirmado no PNE/2001, reconhecendo que para tanto são necessários os seguintes requisitos:

■ ■ ■ ■ ■ ■ ■ ■ ■ ■ ■ ■

I – uma formação profissional que assegure o desenvolvimento da pessoa do educador enquanto cidadão e profissional, o domínio dos conhecimentos objeto de trabalho com os alunos e dos métodos pedagógicos que promovam a aprendizagem;
II – um sistema de educação continuada que permita ao professor um crescimento constante de seu domínio sobre a cultura letrada, dentro de uma visão crítica e da perspectiva de um novo humanismo;
III – jornada de trabalho organizada de acordo com a jornada dos alunos, concentrada num único estabelecimento

de ensino e que inclua o tempo necessário para as atividades complementares ao trabalho em sala de aula;
IV – salário condigno, competitivo, no mercado de trabalho, com outras ocupações que requerem nível equivalente de formação;
V – compromisso social e político do magistério.

Então, a valorização do magistério depende do Poder Público e dos próprios profissionais, pois por um lado é preciso que o governo garanta as condições adequadas de formação, trabalho e remuneração, e, de outro lado, cabe aos profissionais o bom desempenho de sua atividade. A esse respeito o PNE/2001 destaca:

há que se prever na carreira, sistemas de ingresso, promoção e afastamentos periódicos para estudos que levem em conta as condições de trabalho e de formação continuada e a avaliação do desempenho dos professores. Quanto à remuneração, é indispensável que níveis mais elevados correspondam a exigências maiores de qualificação profissional e de desempenho.

É preciso considerar que o PNE/2001, como um plano de ação para a educação nacional, é uma lei que tem a previsão de validade de dez anos, o que significa que, de tempos em tempos, este plano precisa ser revisto e reformulado. Para essa reformulação foi realizada em 2010 a Conferência Nacional de Educação – Conae. As discussões realizadas nessa conferência, da qual participaram diversas entidades (universidades, secretarias de educação, sindicatos, associações de classe, entre outras), foram sistematizadas em um documento final* que poderá ser referência para a elaboração de uma proposta para o novo PNE. Nesse sentido, a Conae de 2010 pode ser considerada a expressão de um espaço democrático para que a sociedade possa expressar sua opinião e construir coletivamente os rumos para a educação nacional. A respeito da formação dos profissionais da educação o documento final da Conae diz:

> *A formação dos/das profissionais da educação deve ser entendida na perspectiva social e alçada ao nível da política pública, tratada como direito e superando o estágio das iniciativas individuais para aperfeiçoamento próprio, com oferta de cursos de graduação, especialização/aperfeiçoamento e extensão aos/às profissionais da educação pública, em universidades também públicas. Esta política deve ter como componentes, juntamente com a carreira (a jornada de trabalho e a remuneração), outros elementos indispensáveis à valorização profissional. Deve ser pensada como processo inicial e continuado, como direito dos/das profissionais da educação e dever do Estado.*

É importante frisar que as discussões promovidas pela Conae (2010) destacaram a formação e valorização dos profissionais da educação** como um dos elementos importantes para a organização da educação nacional.

---

* Para conhecer o documento final da Conae 2010, acesse: <http://conae.mec.gov.br/images/stories/pdf/pdf/documetos/documento_final.pdf>.

** Conforme o documento final Conae (2010, p. 77), o termo *profissionais da educação se* refere aos(às) professores(as), especialistas e funcionários(as) de apoio e técnico-administrativos(as) que atuam nas instituições e sistemas de ensino. Vale notar, ainda, que, no contexto dos(das) profissionais da educação, são classificados como profissionais do magistério os(as) docentes que atuam diretamente no ensino e que devem ser habilitados(as) para tal como condição para ingresso na carreira profissional. (BRASIL, 2010)

> **importante!** A Lei do Piso Salarial é outro documento de referência para a definição de políticas educacionais no que se refere às questões de remuneração dos professores.

*Lei nº 11.738/2008, atualizada anualmente.

A Lei do Piso Salarial* define, em seu art. 2 que: "o piso salarial profissional nacional para os profissionais do magistério público da educação básica será de R$ 1.187,00 (um mil, cento e oitenta e sete reais) mensais, para a formação em nível médio, na modalidade normal." Mesmo que esse valor ainda não seja o ideal, é preciso considerar que, em termos nacionais, num país tão grande como o nosso e com desigualdades socioeconômicas evidentes, há a necessidade de se estabelecer um patamar mínimo de condições, inclusive financeiras, que viabilizem o desenvolvimento da profissão docente.

Então, a Lei do Piso Salarial, bem como a LDBEN de 1996 e o PNE definem as diretrizes e estabelecem as bases que orientam as políticas educacionais a serem desenvolvidas nos estados e aos municípios. O fato de que aspectos como salário, plano de carreira, concurso público, tempo remunerado para estudo e planejamento das aulas, constem na forma de lei é, de certa forma, o reconhecimento de que são fundamentais para que o professor exerça a sua ação docente em condições de fazer cumprir a função da escola.

> **pense a respeito!** Neste ponto cabe perguntar: em que medida estas questões sobre as condições de trabalho do professor na atualidade têm relação com a questão da formação docente?

As condições de trabalho do professor podem interferir diretamente nas suas possibilidades de formação e de atuação profissional. O acesso aos conhecimentos que sustentam o trabalho educativo é o mínimo pressuposto para o desenvolvimento de uma ação educativa consciente e intencional. Logo, se considerarmos que o acesso a esses conhecimentos ocorre por meio de estudos, reflexões coletivas, realização de cursos, no preparo de suas aulas e na discussão sobre os planejamentos, então as condições adequadas de tempo e salário para que isso seja possível não podem ser ignoradas no processo de formação do professor.

Considerando que essas condições nem sempre estão dadas, nem são estabelecidas *a priori*, é preciso levar em conta a importância da organização sindical da categoria na busca de reivindicá-las. O estudo das leis, o debate, a discussão coletiva, a definição de estratégias adequadas de reivindicação, enfim, todo esse movimento em busca das condições de trabalho, pode ser considerado importante espaço de formação política do professor. Nesse sentido, essa formação política dos professores se desenvolve, segundo Ribeiro (1995, p. 9), na medida em que:

> *nas condições atuais de vida e de trabalho, vão se dando conta da necessidade de lutar pelos seus interesses, enquanto categoria profissional da área da educação, e de que a via para a consecução disso consiste na busca da compreensão do que é necessário à maioria dominada da população brasileira, e que diz respeito à sua especialidade de professor dessa ou daquela disciplina, a fim de que essa maioria supere tal condição de dominação.*

> **importante!** Assim, os professores não são sujeitos isolados, mas parte de uma categoria profissional, com problemas, necessidades e objetivos em comum. Apenas por meio da organização coletiva dessa categoria é que as conquistas podem se realizar.

Esse entendimento não pode ser uma questão meramente corporativa, mas precisa estar relacionado ao processo de reconhecimento do que é necessário à maioria da população:

> *Isso porque a compreensão, a clareza da importância social do que faz, e tem de fazer bem, ou seja, a consciência da real qualidade de seu trabalho constitui fator indispensável ao desenvolvimento da unidade entre os professores, bem como da unidade destes com a população – sem a qual a anterior não tem grande sentido, uma vez que geraria um sentimento apenas corporativista.* (Ribeiro, 1995 p. 9)

A participação dos professores em associações de classe como os sindicatos, bem como a participação em movimentos sociais e políticos, fóruns, debates, discussões relacionadas com as condições de trabalho da categoria e até questões mais amplas da educação e da sociedade em geral, podem se constituir em espaços de formação docente.

Assim, procuramos neste item refletir sobre de que forma as condições de trabalho, o plano de carreira, os salários, o ingresso na carreira por concurso público e a organização sindical dos professores podem se constituir em elementos muito importantes para a valorização e seu reconhecimento enquanto categoria profissional. Na continuidade discutiremos sobre o papel da prática, entendida como experiência profissional, na formação docente.

5.2 A importância da experiência profissional na formação dos professores

Admitir a dimensão formativa da experiência profissional docente significa entender que o professor também pode aprender e aprimorar a sua função por meio dos conhecimentos adquiridos no trabalho cotidiano com seus alunos, na escola em que atua. Esse conhecimento é definido como saber tácito, aquele saber adquirido pelo trabalhador no próprio processo de trabalho. Assim, quando o professor tem de resolver problemas relacionados ao processo ensino-aprendizagem, em situações específicas na sala de aula com seus alunos, acaba mobilizando o seu referencial teórico-prático para buscar uma alternativa viável àquela situação. Ou seja, as experiências vivenciadas podem se tornar um referencial para os futuros encaminhamentos desse profissional. Entretanto, admitir a dimensão formativa da prática não significa acreditar que a prática por si só seja suficiente, pois ==a valorização da prática em detrimento da teoria pode levar a um ativismo inócuo, sem sentido, a um "fazer pelo fazer"==, utilitarista e imediatista. Portanto, ao se valorizar o potencial formativo da prática é preciso cuidado com a aparente dicotomia entre a teoria e a prática, entre o saber e o fazer. A esse respeito Moraes e Torriglia (2003, p. 48) indicam:

se com frequência é preciso priorizar a experiência docente cotidiana – pois em tantos momentos se faz necessária a intervenção sob a pressão do tempo, sob o risco de perder oportunidades únicas –, isso não significa que a teoria abandone seu lugar catalisador. Ao contrário, o fato de estarmos cuidando da prática, de seu movimento cotidiano, de suas múltiplas epidermes, implica estarmos atentos à sua gênese, seus conflitos e contradições, os quais não encontram inteligibilidade exclusivamente nos limites dos muros escolares. A relação entre o que se passa na escola e o mundo que a transcende é inerente ao processo educativo, faz parte de seu éthos*. O problema radica, no mais das vezes, nas formas como as propostas de formação docente expressam a superação dessa aparente "dicotomia".

* De acordo com o Dicionário Houaiss (Houaiss; Villar, 2009), *éthos* é o "conjunto dos costumes e hábitos fundamentais, no âmbito do comportamento (instituições, afazeres etc.) e da cultura (valores, ideias ou crenças), característicos de uma determinada coletividade, época ou região".

Portanto, considerar o potencial formativo da experiência cotidiana dos professores e o conhecimento tácito dela advindo não significa que se deva entender a formação dos professores restrita a esse âmbito. Afinal, esse conhecimento, por si só, não possibilita uma compreensão mais elaborada acerca da realidade, sempre complexa e contraditória. É preciso ter clareza de que, os problemas da escola, como a reprovação, a evasão, a não aprendizagem, as precárias condições de trabalho, entre outros, têm sua gênese muito além dos muros escolares, e que, para ser possível intervir na própria escola, é preciso compreendê-la para além da realidade cotidiana, imediata, vivenciada. É preciso entender a escola como parte do complexo contexto sócio-histórico-político no qual está inserida, e, mais do que isso, entender que apenas o conhecimento elaborado possibilita estabelecer essas relações. Assim, a teoria tem papel fundamental para a compreensão da prática e para a intervenção sobre ela.

> **pense a respeito**
> Normalmente a imagem construída sobre a formação docente está atrelada à ideia de formação por meio de participação em cursos, palestras, seminários. Mas e a experiência profissional do professor, poderia constituir-se em um espaço de formação? Como?

A prática docente envolve um conjunto de situações diversas e peculiares que podem contribuir de alguma maneira com a formação do professor. Essas situações envolvem desde a relação professor-aluno, a metodologia de trabalho, a escolha dos recursos pedagógicos, as estratégias e instrumentos de avaliação, até as relações interpessoais, entre os professores da escola, os pedagogos e a direção, o contato com pais e a comunidade. Enfim, as atividades que compõem a prática pedagógica cotidiana se concretizam em momentos diversos, como as próprias aulas, as reuniões pedagógicas, as assembleias de pais, os conselhos de classe, o conselho escolar, a hora-atividade ou hora-permanência, os horários de recreio, os projetos desenvolvidos etc. Em seu conjunto, tais atividades expressam o movimento real de funcionamento de uma

> É preciso ter clareza de que os problemas da escola, como a reprovação, a evasão, a não aprendizagem, as precárias condições de trabalho, entre outros, têm sua gênese muito além dos muros escolares.

escola, englobam as discussões, os debates, os entraves, as discordâncias, os limites e as possibilidades no dia a dia das instituições.

Nesse movimento real, que é a prática cotidiana de uma escola, o professor pode tanto deixar-se envolver pela rotina de forma mecânica, acrítica e repetitiva ou buscar momentos de distanciamento dessa rotina, para, de forma consciente e intencional, procurar sistematizar momentos de estudo, discussão e análise dessa prática. A experiência profissional, no contexto da escola, pode transcender o âmbito individual e apontar para momentos de discussão coletiva acerca da prática pedagógica da instituição.

Finalizamos este capítulo lembrando que os três pilares da formação docente são a formação inicial, a formação continuada e a experiência profissional. Cada um deles tem sua importância específica, e a articulação entre eles é que pode possibilitar a efetivação da prática pedagógica. Assim, a experiência profissional é importantíssima, mas não substitui a necessidade da formação inicial e continuada.

Síntese

Neste capítulo tratamos sobre alguns elementos que compõem a experiência profissional docente e discutimos em que sentido tais elementos podem contribuir para a formação dos professores. As condições de trabalho estão relacionadas com as possibilidades de valorização e reconhecimento profissional dos professores, trazendo implicações para o desenvolvimento da prática pedagógica cotidiana, a qual pode também se constituir em elemento formativo na medida em que possibilita, por meio do desenvolvimento de atividades diversas no cotidiano da escola, a reflexão crítica sobre a relação entre teoria e prática, visando ao redimensionamento do trabalho docente.

Indicações culturais

VERÔNICA. Direção: Maurício Farias. Brasil: Europa Filmes, 2008. 87 min.

Esse filme conta a história de uma professora que, já com 20 anos de trabalho, passa por momentos difíceis em sua vida pessoal que interferem também na sua prática profissional. A professora busca ajudar um aluno quando descobre que seus pais foram mortos por traficantes e que ele também se encontra em perigo. O filme nos ajuda a refletir sobre o contexto atual, as dificuldades, as relações sociais conflituosas, a violência e a miséria. Nesse contexto, a história nos permite rever conceitos sobre a vida e a profissão docente.

PARANÁ. Secretaria do estado de educação. Portal dia-a-dia educação. Disponível em: <http://www.diaadiaeducacao.pr.gov.br>.

O *site* da Secretaria Municipal de Educação do Paraná traz inúmeras informações e contribuições sobre a área educacional. Clicando no *link Educadores*, é possível ter acesso, entre outros documentos, a artigos, teses e dissertações de diversas áreas do conhecimento.

Atividades de autoavaliação

1. Nos debates atuais sobre a profissionalização docente, uma das questões destacadas tem sido a desvalorização profissional. Assinale a alternativa que apresenta aspectos dessa desvalorização:
   a. Salários dignos condizentes com a importância da profissão docente em nossa sociedade.
   b. Formação inicial e continuada de qualidade.
   c. Baixos níveis salariais e exercício da docência por pessoas sem formação e qualificação necessária.
   d. Condições de trabalho adequadas que atendem às reivindicações históricas da categoria.

2. Um dos principais problemas da profissão docente, atualmente, são as condições precárias de trabalho. Essas condições precárias de trabalho podem ser percebidas com:
   a. o aumento de contratos temporários, fragilizando os direitos trabalhistas da categoria.
   b. as salas de aula com número adequado de alunos.
   c. os planos de carreira que valorizam o crescimento profissional do professor.
   d. a garantia de formação continuada aos professores, permitindo sua constante atualização.

3. Entre os conhecimentos que compõem a formação docente estão também aqueles adquiridos por meio da experiência profissional. Assinale a alternativa que explica como se constituem esses conhecimentos:

a. Advêm da prática ao longo da carreira e se estabelecem pela reflexão permanente a respeito das situações cotidianas diversas, como: a relação professor-aluno, a escolha da metodologia de trabalho, a escolha dos recursos pedagógicos, as estratégias e instrumentos de avaliação, as relações interpessoais, entre outras.

b. Advêm dos cursos realizados e ofertados pelas diferentes mantenedoras do ensino, como as Secretarias de Educação.

c. São os conhecimentos adquiridos nos cursos de formação inicial em nível de graduação.

d. São saberes que se bastam por si sós e, portanto, não necessitam confrontar-se com as teorias do campo educativo. Nesse sentido, prática e teoria são inconciliáveis.

4. A discussão sobre a formação política do professor é outro aspecto importante, pois:

a. o professor precisa necessariamente participar de um partido político; só assim poderá de fato participar no sentido de colaborar para a transformação social.

b. a atuação do professor interfere na formação dos cidadãos, e seu compromisso vai além do espaço da sala de aula. Quando o professor organiza suas aulas, faz escolhas entre conhecimentos, abordagens e metodologias, e essas escolhas são sempre um ato político.

c. Política e educação são processos inconciliáveis, o melhor é não "misturar" na realização do trabalho educativo esses campos tão distintos.

d. A atuação do professor é sempre neutra e se encerra nas atividades da sala de aula.

5. Em relação à valorização e ao reconhecimento profissional docente na atualidade, assinale, nas alternativas abaixo, V para verdadeiro ou F para falso:

( ) A precariedade de recursos pedagógicos, financeiros e estruturais em relação às escolas e os baixos salários são alguns dos fatores a que estão na atualidade submetidos os professores das escolas públicas brasileiras.

( ) A atual Lei de Diretrizes e Bases da Educação Nacional não apresenta definições a respeito de um período reservado a estudos, planejamento e avaliação, incluído na carga de trabalho, o que precariza, ainda mais, as condições profissionais dos docentes em nosso país.

( ) A Lei do Piso Salarial, Lei nº 11.738/2008, é um dos documentos oficiais de referência para a definição de políticas educacionais no que se refere às questões de remuneração dos professores.

Assinale a sequência correta:

a. F, V, F.
b. F, F, V.
c. V, F, V.
d. V, V, F.

Atividades de aprendizagem

Questões para reflexão

1. Leia o texto indicado abaixo, da professora Acácia Kuenzer, e aprofunde sua reflexão sobre a questão da formação dos professores na atualidade. Registre aspectos que lhe pareçam relevantes.

    KUENZER, A. Z. As políticas de formação: a constituição da identidade do professor sobrante. Educação & Sociedade, Campinas, v. 20, n. 68, dez. 1999. Disponível em <http://www.scielo.br/scielo.php?script=sci_arttext&pid=S0101-73301999000300009&lng=pt&nrm=iso.10.1590/S0101-73301999000300009>. Acesso em: 08 dez. 2009

2. Produza um texto reflexivo apresentando sua compreensão a respeito de como as características sócio-econômico-políticas da atualidade se refletem no cotidiano escolar e na atuação do professor. Utilize o texto indicado na atividade acima.

Atividade aplicada: prática

Busque saber se na localidade onde você reside existe alguma forma de organização sindical dos profissionais da educação. Caso exista, procure conversar com pessoas que participam dessa entidade para conhecer mais a respeito dos problemas, das dificuldades enfrentadas no processo de organização da categoria, bem como sobre as lutas e os avanços já obtidos: nos salários, no plano de carreira e nas condições de trabalho.

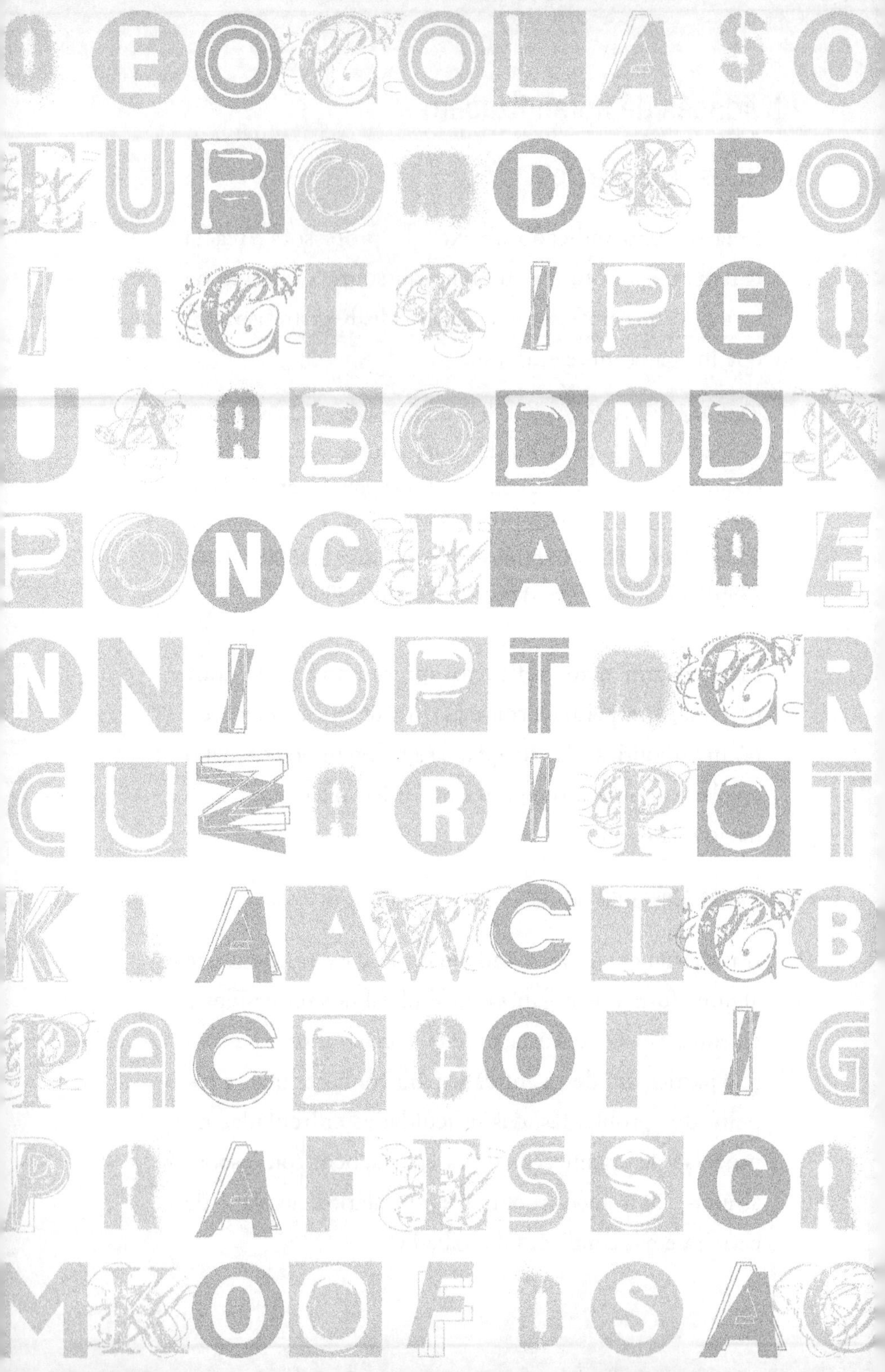

CONSIDERAÇÕES FINAIS

Neste livro tratamos, de modo geral, sobre a formação do professor, uma profissão relacionada ao ato intencional e consciente de ensinar, educar, trabalhar em prol da formação humana. Também vimos que essa profissão traz consigo, implícita, a necessidade de continuar estudando sempre. Dessa forma, abordamos sobre a importância de uma formação inicial sólida e de qualidade, mas também sobre a necessidade da formação continuada, pois a formação do professor deve se prolongar e ampliar durante toda a sua trajetória profissional.

As ideias que procuramos discutir neste livro apontaram para o papel do professor que está relacionado com a tarefa de socializar conhecimentos, visando a um mundo melhor.

Assim, por mais difícil e problemática que seja nossa realidade, por mais precárias que sejam as condições de trabalho e valorização do professor atualmente, sob o contexto da sociedade capitalista, não podemos desistir. E é com essa utopia em mente – lembrando que utopia não é apenas ilusão, mas um vir a ser, algo que ainda não existe, mas que pode vir a existir dependendo da ação real, de sujeitos concretos, com sonhos, limites e possibilidades – que encerramos este livro, ressaltando para você, futuro professor: é preciso descobrir o prazer em aprender e o prazer maior ainda em ensinar. Afinal, o trabalho docente é uma forma de trabalho humano específico que está intimamente relacionada com a questão do conhecimento. Daí a necessidade de assumirmos essa profissão com responsabilidade, competência, compromisso político. Nessa perspectiva, a qualidade da formação dos professores é fundamental.

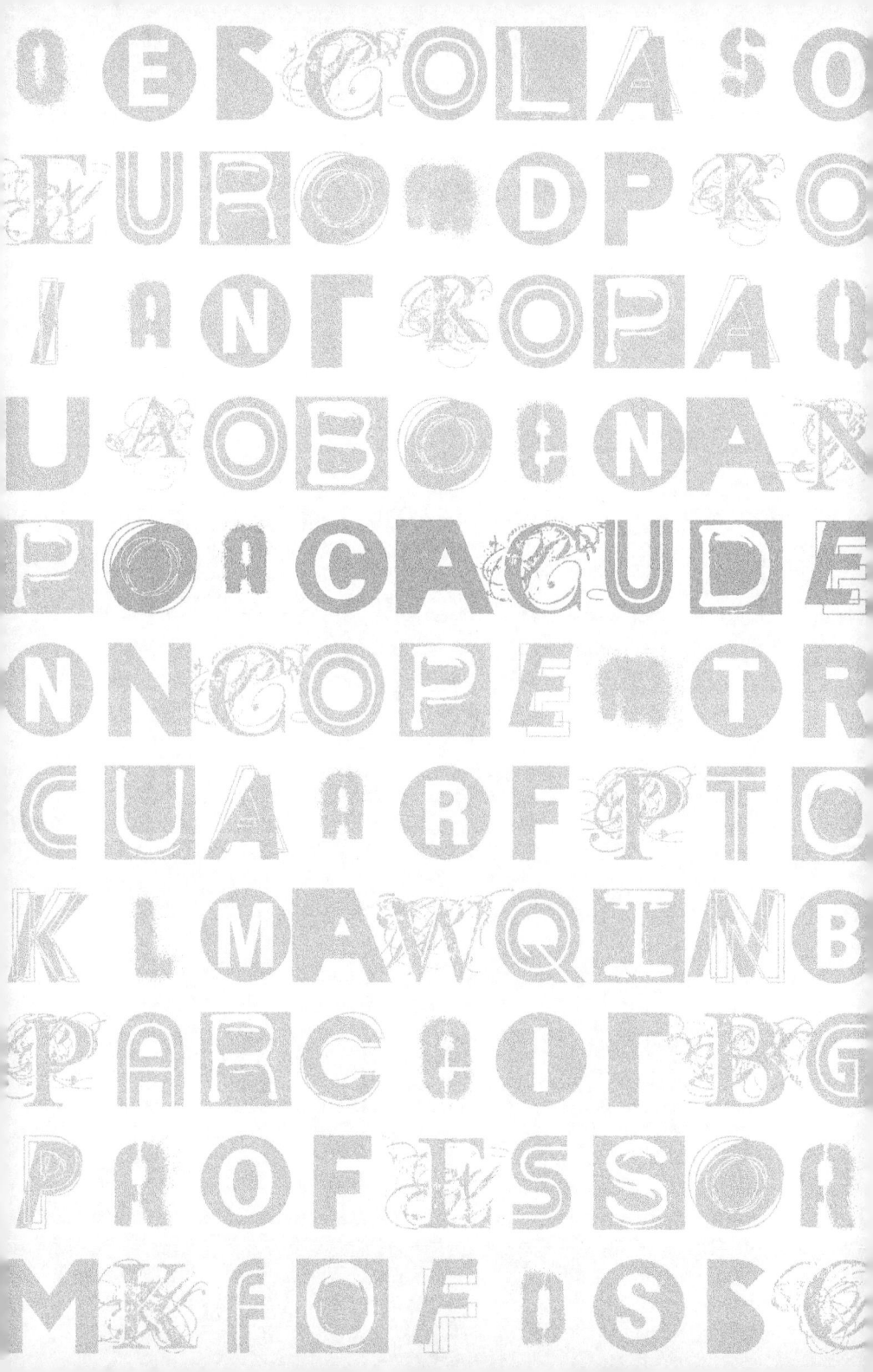

O E S C O L A S O
E U R O D P O
I A N T O P A
U A O B O E N A
P O A C A C U D E
N C O P E T R
C U A A R F P T O
K L M A W Q I N B
P A R C E I G
P R O F E S S O R
M K F O F D S

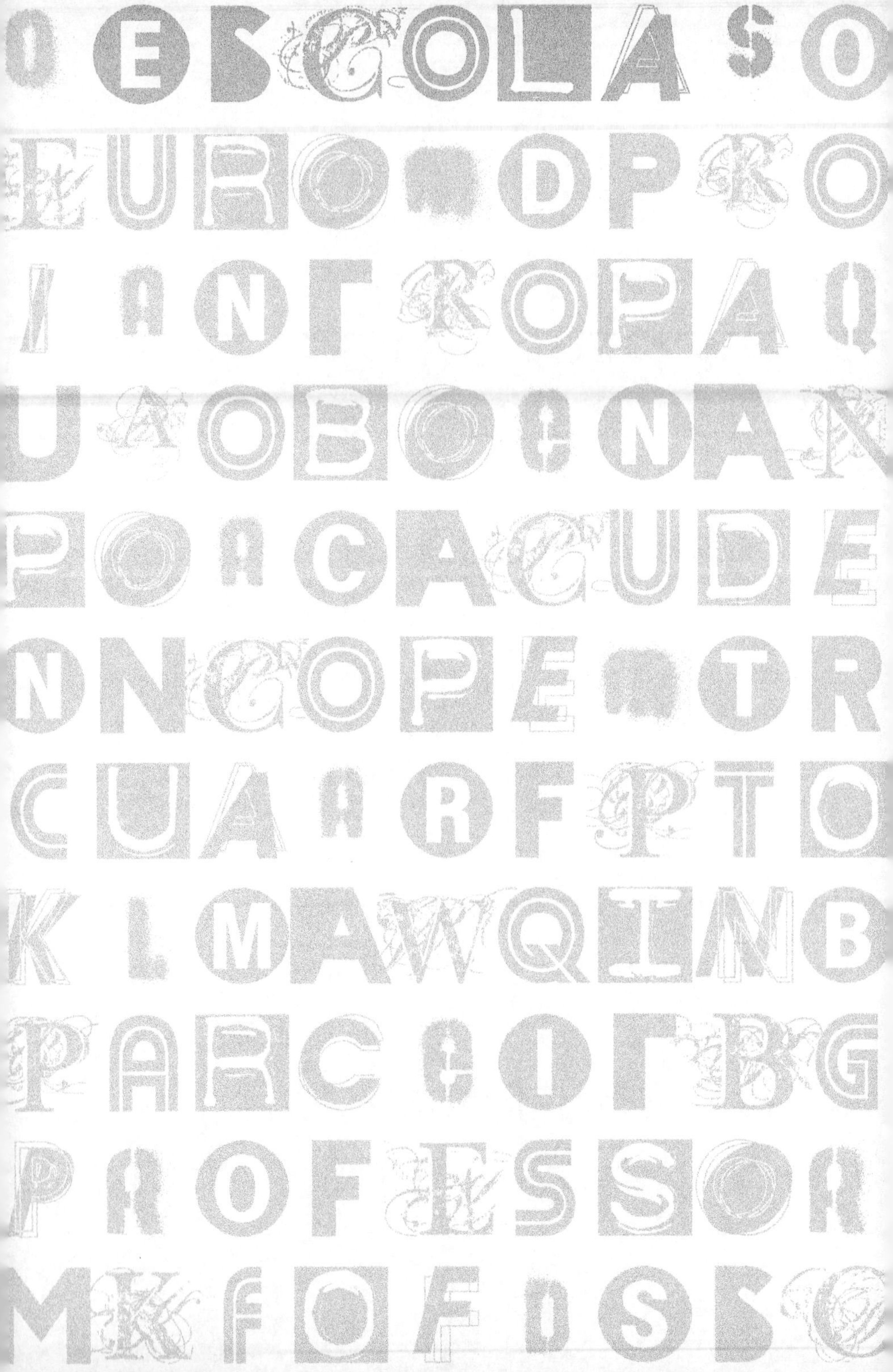

REFERÊNCIAS

ABBAGNANO, N. Dicionário de filosofia. São Paulo: M. Fontes, 2003.

AGUIAR, M. A. A formação do profissional da educação no contexto da reforma educacional brasileira. In: FERREIRA, N. S. C. (Org.). Supervisão educacional para uma escola de qualidade: da formação à ação. São Paulo: Cortez, 1999. p. 183-203.

AGUIAR, M. A.; FERREIRA, N. S. C. (Org.). Para onde vão a orientação e a supervisão educacional? 2. ed. Campinas: Papirus, 2002.

ALMEIDA, B. Escrita e formação de professores: possibilidades do diálogo para o desenvolvimento profissional. In: ASSOCIAÇÃO NACIONAL DE PÓS-GRADUAÇÃO E PESQUISA EM EDUCAÇÃO, 29., 2006, Caxambu. Anais... Caxambu, 2006.

ALMEIDA, R. S. As redes de conhecimentos tecidas na relação formação continuada de professores e interatividade: o contexto do projeto "Salto para o futuro". In: ASSOCIAÇÃO NACIONAL DE PÓS--GRADUAÇÃO E PESQUISA EM EDUCAÇÃO, 28., 2005, Caxambu. Anais...Caxambu, 2005.

ANDRE, M. E. D. A. Abordagem qualitativa, etnografia e os estudos do cotidiano escolar. In: SCHWARTZ, C. et al. (Org.). Desafios da educação básica: a pesquisa em educação. Vitória: Edufes, 2007. p. 97-106.

_____. Pesquisa, formação e prática docente. In: ANDRÉ, M. E. D. A. (Org.). O papel da pesquisa na formação e na prática dos professores. Campinas: Papirus, 2004. p. 55-67.

_____. Pesquisas sobre o cotidiano da prática docente. Revista Psicologia da Educação, São Paulo, v. 6, n. 6, p. 29-48, 1998.

AZAMBUJA, G.; OLIVEIRA, V. Processos de formação de um professor. In: ASSOCIAÇÃO NACIONAL DE PÓS-GRADUAÇÃO E PESQUISA EM EDUCAÇÃO, 23., 2000, Caxambu. Anais... Caxambu, 2000.

BARROS, S.; FÉLIX, J. Modelos de escola na Idade Média. Trabalho de Conclusão de Curso (Ensino da Biologia e da Geologia) – Centro de Filosofia e Ciências, Universidade de Lisboa, Lisboa, 2002-2003. Disponível em: <http://www.educ.fc.ul.pt/docentes/opombo/hfe/momentos/modelos/idademedia.htm>. Acesso em: 22 mar. 2011.

BERNARDO, E. da S. Um olhar sobre a formação continuada de professores em escolas organizadas no regime de ensino em ciclo(s). In: ASSOCIAÇÃO NACIONAL DE PÓS-GRADUAÇÃO E PESQUISA EM EDUCAÇÃO, 27., 2004, Caxambu. Anais... Caxambu, 2004.

BRASIL. Decreto n. 3.554, de 7 de agosto de 2000. Diário Oficial da União, Brasília, DF, 7 ago. 2000. Disponível em: <http://www.planalto.gov.br/ccivil_03/decreto/D3554.htm>. Acesso em: 23 mar. 2011.

_____. Decreto n. 5.622, de 19 de dezembro de 2005. Diário Oficial da União, Brasília, DF, 19 dez. 2005a. Disponível em: <http://www.planalto.gov.br/ccivil_03/_Ato2004-2006/2005/Decreto/D5622.htm>. Acesso em: 23 mar. 2011.

_____. Lei n. 9.394, de 20 de dezembro de 1996. Diário Oficial da União, Brasília, DF, 20 dez. 1996. Disponível em: < http://www.planalto.gov.br/ccivil_03/LEIS/L9394.htm>. Acesso em: 23 mar. 2011.

_____. Lei n. 10.172, de 10 de janeiro de 2001. Diário Oficial da União, Brasília, DF, 10 jan. 2001. Disponível em: <https://www.planalto.gov.br/ccivil_03/leis/leis_2001/|10172.htm>. Acesso em: 23 fev. 2011.

_____. Lei n. 11.738, de 16 de julho de 2008. Diário Oficial da União, Brasília, DF, 16 jul. 2008. Disponível em: <https://www.planalto.gov.br/ccivil/ato_2007-2010/2008/lei/|11738.htm>.

BRASIL. Ministério da Educação. Conselho Nacional de Educação. Câmara de Educação Básica. Parecer n. 1, de 29 de janeiro de 1999. Relatora: Edla de Araújo Lira Soares. Diário Oficial da União, Brasília, DF, 29 jan. 1999a. Disponível em: <http://portal.mec.gov.br/dmdocuments/pceb001_99.pdf>. Acesso em: 23 fev. 2011.

_____. Parecer n. 5, de 13 de dezembro de 2005. Relatoras: Clélia Brandão Alvarenga Craveiro e Petronilha Beatriz Gonçalves e Silva. Diário Oficial da União, Brasília, DF, 13 dez. 2005b. Disponível em: <http://portal.mec.gov.br/cne/arquivos/pdf/pcp05_05.pdf>. Acesso em: 25 abr. 2011.

BRASIL. Ministério da Educação. Conselho Nacional de Educação. Câmara de Educação Básica. Resolução n. 1, de 7 de abril de 1999. Relator: Ulysses de Oliveira Panisset. Diário Oficial da União, Brasília, DF, 7 abr. 1999b. Disponível em: <http://portal.mec.gov.br/cne/arquivos/pdf/CEB0199.pdf>. Acesso em: 23 mar. 2011.

_____. Resolução n. 2, de 19 de abril de 1998. Relator: Ulysses de Oliveira Panisset. Diário Oficial da União, Brasília, DF, 23 abr. 1999c. Disponível em: <http://portal.mec.gov.br/cne/arquivos/pdf/rceb02_98.pdf>. Acesso em: 23 mar. 2011.

BRASIL. Ministério da Educação. Conselho Nacional de Educação. Conselho Pleno. Resolução n. 1, de 18 de fevereiro de 2002. Relator: Ulysses de Oliveira Panisset. Diário Oficial da União, Brasília, DF, 18 fev. 2002. Disponível em: <http://portal.mec.gov.br/cne/arquivos/pdf/rcp01_02.pdf>. Acesso em: 24 mar. 2011.

_____. Resolução n. 1, de 15 de maio de 2006. Relator: Edson de Oliveira Nunes. Diário Oficial da União, Brasília, DF, 16 maio 2006. Disponível em: <http://portal.mec.gov.br/cne/arquivos/pdf/rcp01_06.pdf>. Acesso em: 24 mar. 2011.

BRASIL. Ministério da Educação. INEP – Instituto Nacional de Estudos e Pesquisas Educacionais Anísio Teixeira. Estatísticas dos Professores no Brasil. 2003. Disponível em: <http://www.inep.gov.br/download/censo/2003/estatisticas_professores.pdf>. Acesso em: 23 fev. 2011.

BRASIL. Ministério da Educação. Secretaria de Educação a Distância. Referenciais de Qualidade para a Educação Superior a Distância. Brasília, ago. 2007. Disponível em: <http://portal.mec.gov.br/seed/arquivos/pdf/legislacao/refead1.pdf>. Acesso em: 23 mar. 2011.

BRASIL. Ministério da Educação. Secretaria Executiva. Conae. Conferência Nacional de Educação 2010. Construindo o sistema nacional articulado de educação: o Plano Nacional de Educação, diretrizes e estratégias de ação. Documento final. Brasília, 7 jun. 2010. Disponível em: <http://conae.mec.gov.br/images/stories/pdf/pdf/documetos/documento_final.pdf>. Acesso em: 23 mar. 2011.

BRZEZINSKI, I. Embates na definição das políticas de formação de professores para a atuação multidisciplinar nos anos iniciais do ensino fundamental: respeito à cidadania ou disputa pelo poder? Educação & Sociedade, Campinas, v. 20, n. 68, p. 80-108, 1999. Caderno especial.

CAMPOS, M. M. A formação de professores para crianças de 0 a 10 anos: modelos em debate. In: BICUDO, M. A. V.; SILVA JUNIOR, C. A. (Org.). Formação do educador e avaliação educacional: formação inicial e contínua. São Paulo: Ed. da Unesp, v. 2, p. 51-64, 1999.

_____. A formação de professores para crianças de 0 a 10 anos: modelos em debate. Educação & Sociedade, Campinas, v. 20, n. 68, p. 126-142, 1999. Caderno especial.

COSTA, G. L. M. A mudança na cultura docente em um contexto de trabalho colaborativo de introdução das tecnologias de informação e comunicação na prática escolar. In: ASSOCIAÇÃO NACIONAL DE PÓS-GRADUAÇÃO E PESQUISA EM EDUCAÇÃO, 28., 2005, Caxambu. Anais... Caxambu, 2005.

CURY, C. R. J. A formação docente e a educação nacional. Disponível em: <http://portal.mec.gov.br/cne/arquivos/pdf/conselheiro.pdf>. Acesso em: 23 fev. 2011.

DUARTE, N. Vygotsky e o aprender a aprender: crítica às apropriações neoliberais e pós-modernas da teoria vigotskiana. Campinas: Autores Associados, 2001.

FAZENDA, I. C. A. A formação do professor pesquisador: 30 anos de pesquisa. E-Curriculum, São Paulo, v. 1, n. 1, 2006.

FERREIRA, L. A.; REALI, A. M. de M. R. Aprendendo a ensinar e a ser professor: contribuições e desafios de um programa de iniciação à docência para professores de Educação Física. In: ASSOCIAÇÃO NACIONAL DE PÓS-GRADUAÇÃO E PESQUISA EM EDUCAÇÃO, 28., 2005, Caxambu. Anais... Caxambu, 2005.

FIORI, J. L. Neoliberalismo e políticas públicas. In: GIDE, A. (Org.). Os moedeiros falsos. Petrópolis: Vozes, 1998.

FOERSTE, G. M. S.; FOERSTE, E. Docência e trabalho: reflexões sobre o papel da prática de ensino. In: ASSOCIAÇÃO NACIONAL DE PÓS-GRADUAÇÃO E PESQUISA EM EDUCAÇÃO, 23., 2000, Caxambu. Anais... Caxambu, 2000.

FOGAÇA, A. Educação e qualificação profissional nos anos 90: o discurso e o fato. In: OLIVEIRA, D. de O.; DUARTE, M. (Org.). Política e trabalho na escola. Belo Horizonte: Autêntica, p. 55-68, 1999.

FONTANA, M. I. A prática de pesquisa: relação teoria e prática no curso de Pedagogia. In: ASSOCIAÇÃO NACIONAL DE PÓS-GRADUAÇÃO E PESQUISA EM EDUCAÇÃO, 30., 2007, Caxambu. Anais... Caxambu, 2007.

FREITAS, D.; VILLANI, A. Análise e interpretação de uma experiência de formação inicial de professores. In: ASSOCIAÇÃO NACIONAL DE PÓS-GRADUAÇÃO E PESQUISA EM EDUCAÇÃO, 22., 1999, Caxambu. Anais... Caxambu, 1999.

FREITAS, H. C. O trabalho como princípio articulador na prática de ensino e nos estágios. Campinas: Papirus, 1996. (Coleção Magistério).

FRIGOTTO, G. A formação e a profissionalização do educador: novos desafios. In: SILVA, T. T.; GENTILI, P. (Org.). Escola S.A.: quem ganha e quem perde no mercado educacional no neoliberalismo. Brasília: CNTE, 1996.

GATTI, B. A. Análise das políticas públicas para a formação continuada no Brasil, na última década. Revista Brasileira de Educação, Rio de Janeiro, v. 13, n. 37, jan./abr. 2008.

_____. Formação de professores e carreira: problemas e movimentos de renovação. 2. ed. Campinas: Autores Associados, 2000. (Coleção Formação de Professores).

GILBERTO, I. J. L. Cursos de Pedagogia a distância: uma nova realidade educacional? Disponível em: <http://www.anped.org.br/reunioes/30ra/posteres/GT04-3178--Int.pdf>. Acesso em: 23 fev. 2011.

HARVEY, D. Condição pós-moderna: uma pesquisa sobre as origens da mudança cultural. São Paulo: Loyola, 2003.

HIDALGO, A. M.; SILVA, I. L. F. (Org.). Educação e Estado: as mudanças nos sistemas de ensino do Brasil e Paraná na década de 90. Londrina: Editora da UEL, 2001.

HOUAISS, A.; VILLAR, M. de S. Dicionário eletrônico Houaiss da língua portuguesa. versão 3.0. Rio de Janeiro: Objetiva, 2009. 1 CD-ROM.

IMBERNÓN, F. Formação docente e profissional: formar-se para a mudança e a incerteza. São Paulo: Cortez, 2002.

JORDÃO, R. dos S. A pesquisa-ação na formação inicial de professores: elementos para a reflexão. In: ASSOCIAÇÃO NACIONAL DE PÓS-GRADUAÇÃO E PESQUISA EM EDUCAÇÃO, 27., 2004, Caxambu. Anais... Caxambu, 2004.

KISHIMOTO, T. M. Política de formação profissional para a educação infantil: pedagogia e normal superior. Educação & Sociedade, Campinas, v. 20, n. 68, p. 17-44, dez. 1999. Caderno especial.

KUENZER, A. Z. A escola desnuda: reflexões sobre a possibilidade de construir o ensino médio para os que vivem do trabalho. In: ZIBAS, D. M. L.; AGUIAR, M. A. de S.; BUENO, M. S. S. (Org.). O ensino médio e a reforma da educação básica. Brasília: Plano, 2002.

_____. As políticas de formação: a constituição da identidade do professor sobrante. Educação & Sociedade, Campinas, v. 20, n. 68, dez. 1999. Disponível em: <http://www.scielo.br/scielo.php?script=sci_arttext&pid=S0101-73301999000300009&lng=pt&nrm=iso>. Acesso em: 23 fev. 2011.

KUENZER, A. Z.; RODRIGUES, M. As diretrizes curriculares para o curso de Pedagogia: uma expressão da epistemologia da prática. In: ENCONTRO NACIONAL DE DIDÁTICA E PRÁTICA DE ENSINO, 13., 2006, Recife. Anais... Recife, 2006.

LIBÂNEO, J. C. Didática. São Paulo: Cortez, 1991.

LIBÂNEO, J. C.; PIMENTA, S. G. Formação de profissionais da educação: visão crítica e perspectiva de mudança. Educação & Sociedade, Campinas, v. 20, n. 68, p. 239-277, 1999. Caderno especial.

LÜDKE, M. (Coord.). O professor e a pesquisa. Campinas: Papirus, 2001a.

LÜDKE, M. A complexa relação entre o professor e a pesquisa. In: ANDRÉ, M. E. D. A. (Org.). O papel da pesquisa na formação e na prática dos professores. Campinas: Papirus, 2001b.

MARX, K. 18 Brumário e cartas a Kugelmann. Tradução: Leandro Konder e Renato Guimarães. Rio de Janeiro: Paz e Terra, 1997.

_____. O capital: crítica da economia política. São Paulo: Nova Cultural, 1988. v. 1. Tomo 1.

MÉTODO LANCASTERIANO. In: Dicionário interativo da educação brasileira – EducaBrasil. São Paulo: Midiamix, 2002. Disponível em: <http://www.educabrasil.com.br/eb/dic/dicionario.asp?id=273>. Acesso em: 23 fev. 2011.

MONLEVADE, J. A. C. Normal de nível médio: atual e prioritário, até quando? Associação Nacional dos Dirigentes das Instituições de Ensino Superior. 2009. Disponível em: <http://www.andifes.org.br/index.php?option=com_content&view=article&id=2462%3Anormal-de-nivel-medio-atual-e-prioritario-ate-quando-artigo-de-joao-antonio-c-de-monlevade&catid=50&Itemid=100017>. Acesso em: 23 fev. 2011.

MORAES, M. C. M.; TORRIGLIA, P. L. Sentidos de ser docente e da construção de seu conhecimento. In: MORAES, M. C. M. (Org.). Iluminismo às avessas: produção de conhecimento e políticas de formação docente. Rio de Janeiro: DP&A, 2003. p. 45-60.

NONO, M. A.; MIZUKAMI, M. G. N. Aprendendo a ensinar: futuras professoras das séries iniciais do ensino fundamental e casos de ensino. In: ASSOCIAÇÃO NACIONAL DE PÓS-GRADUAÇÃO E PESQUISA EM EDUCAÇÃO, 24., 2001, Caxambu. Anais... Caxambu, 2001.

NUNES, C. Ensino normal: formação de professores. Rio de Janeiro: DP&A, 2002.

OLIVEIRA, E. G. Formação de professores a distância na transição de paradigmas. In: ASSOCIAÇÃO NACIONAL DE PÓS-GRADUAÇÃO E PESQUISA EM EDUCAÇÃO, 26., 2003, Caxambu. Anais... Caxambu, 2003.

PARO, V. H. Reprovação escolar: renúncia à educação. São Paulo: Xamã, 2001.

PASCAL, M. A. M. A pedagogia libertária: um resgate histórico. In: CONGRESSO INTERNACIONAL DE PEDAGOGIA SOCIAL, 1., 2006, São Paulo, Anais eletrônicos... São Paulo, 2006. Disponível em: <http://www.proceedings.scielo.br/scielo.php?script=sci_arttext&pid=MSC000000009200600010 0032&lng=pt&nrm=iso>. Acesso em: 23 fev. 2011.

PIMENTA, S. G. Pesquisa-ação crítico-colaborativa: construindo seu significado a partir de experiências com a formação docente. Educação & Pesquisa, São Paulo, v. 31, n. 3, p. 521-539, set./dez. 2005.

RIBEIRO, M. L. S. Formação política do professor de 1º e 2º graus. São Paulo: Cortez, 1995.

RODRIGUES, M. F. Da racionalidade técnica à "nova" epistemologia da prática: a proposta de formação de professores e pedagogos nas políticas oficiais atuais. 189 f. Tese (Doutorado em Educação) – Universidade Federal do Paraná, Curitiba, 2005.

ROMANOWSKI, J. P. Formação e profissionalização docente. 3. ed. Curitiba: Ibpex, 2007.

SAVIANI, D. Educação: do senso comum à consciência filosófica. São Paulo: Autores Associados; Cortez, 1980.

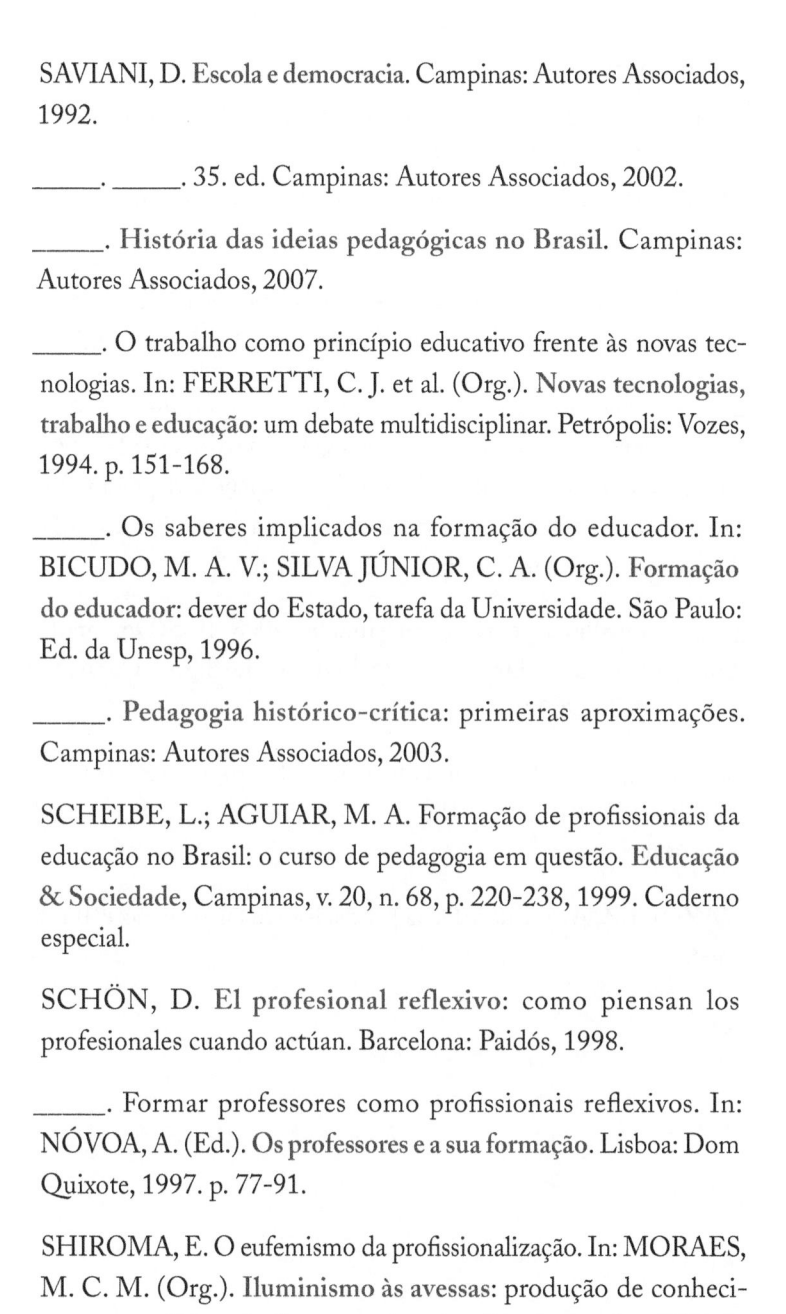

SAVIANI, D. Escola e democracia. Campinas: Autores Associados, 1992.

_____. _____. 35. ed. Campinas: Autores Associados, 2002.

_____. História das ideias pedagógicas no Brasil. Campinas: Autores Associados, 2007.

_____. O trabalho como princípio educativo frente às novas tecnologias. In: FERRETTI, C. J. et al. (Org.). Novas tecnologias, trabalho e educação: um debate multidisciplinar. Petrópolis: Vozes, 1994. p. 151-168.

_____. Os saberes implicados na formação do educador. In: BICUDO, M. A. V.; SILVA JÚNIOR, C. A. (Org.). Formação do educador: dever do Estado, tarefa da Universidade. São Paulo: Ed. da Unesp, 1996.

_____. Pedagogia histórico-crítica: primeiras aproximações. Campinas: Autores Associados, 2003.

SCHEIBE, L.; AGUIAR, M. A. Formação de profissionais da educação no Brasil: o curso de pedagogia em questão. Educação & Sociedade, Campinas, v. 20, n. 68, p. 220-238, 1999. Caderno especial.

SCHÖN, D. El profesional reflexivo: como piensan los profesionales cuando actúan. Barcelona: Paidós, 1998.

_____. Formar professores como profissionais reflexivos. In: NÓVOA, A. (Ed.). Os professores e a sua formação. Lisboa: Dom Quixote, 1997. p. 77-91.

SHIROMA, E. O eufemismo da profissionalização. In: MORAES, M. C. M. (Org.). Iluminismo às avessas: produção de conhecimento e políticas de formação docente. Rio de Janeiro: DP&A, 2003. p. 45-60.

SILVA, W. C. A criação dos institutos superiores de educação no Brasil: alternativa superior para a formação de professores? In: ASSOCIAÇÃO NACIONAL DE PÓS-GRADUAÇÃO E PESQUISA EM EDUCAÇÃO, 22., 1999, Caxambu. Anais... Caxambu, 1999.

SOARES, K. C. D. A formação continuada dos professores da escola pública. Chão da Escola, Curitiba, p. 21-27, out. 2007.

_____. A política de qualificação em serviço dos professores da rede municipal de ensino de Curitiba na gestão Greca (1993-1996): entre o discurso da "Cultura das Elites" e a perspectiva pragmática do trabalho educativo. Dissertação (Mestrado em Educação) – Universidade Federal do Paraná, Curitiba, 2003.

_____. Trabalho docente e conhecimento. 2008. Tese (Doutorado em Educação) – Universidade Federal de Santa Catarina, Florianópolis, 2008.

TANURI, L. M. História da formação de professores. Revista Brasileira de Educação, Rio de Janeiro, n. 14, p. 61-88, maio/ago. 2000.

VÁZQUEZ, A. S. Filosofia da práxis. Rio de Janeiro: Paz e Terra, 1968.

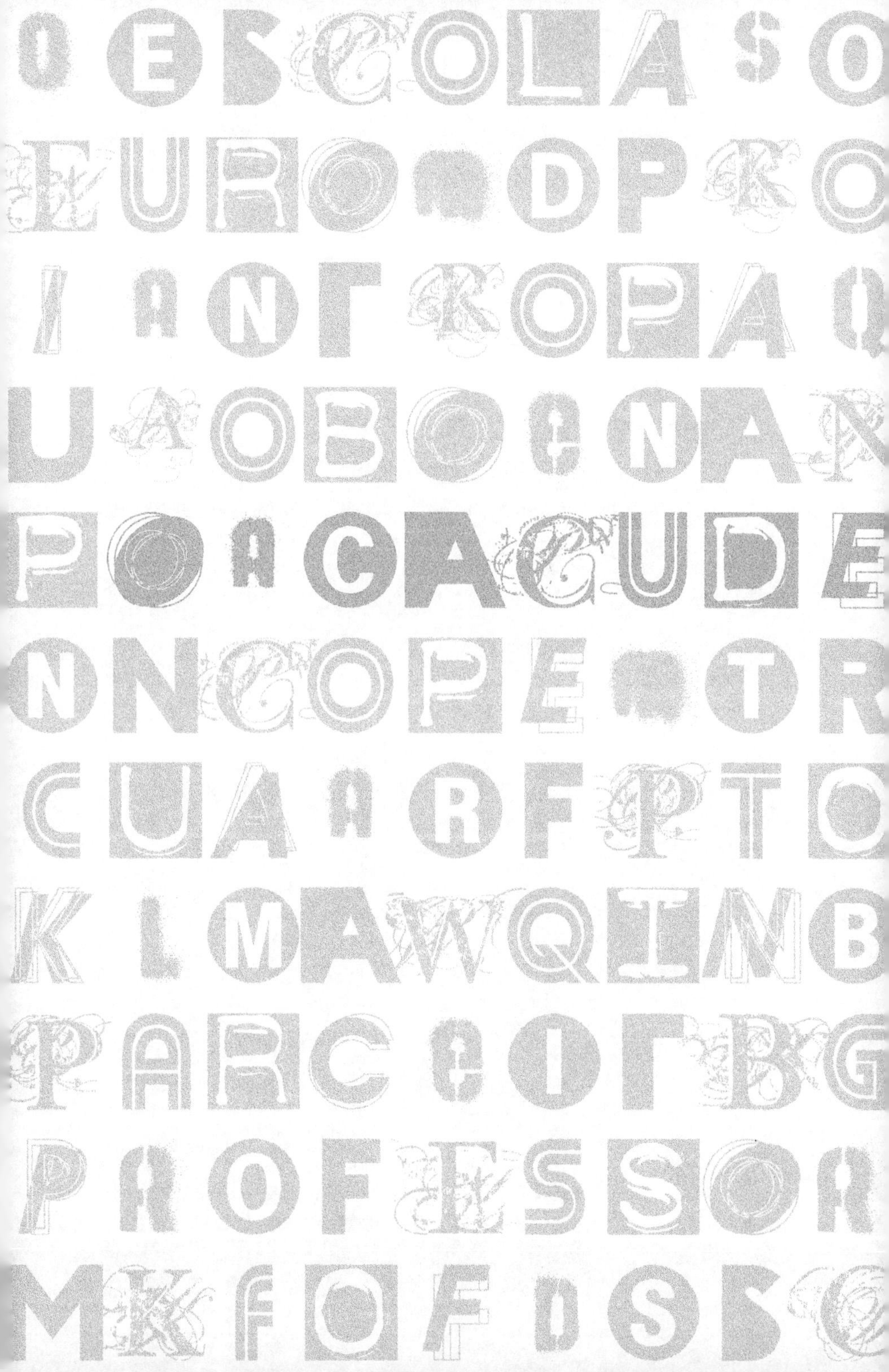

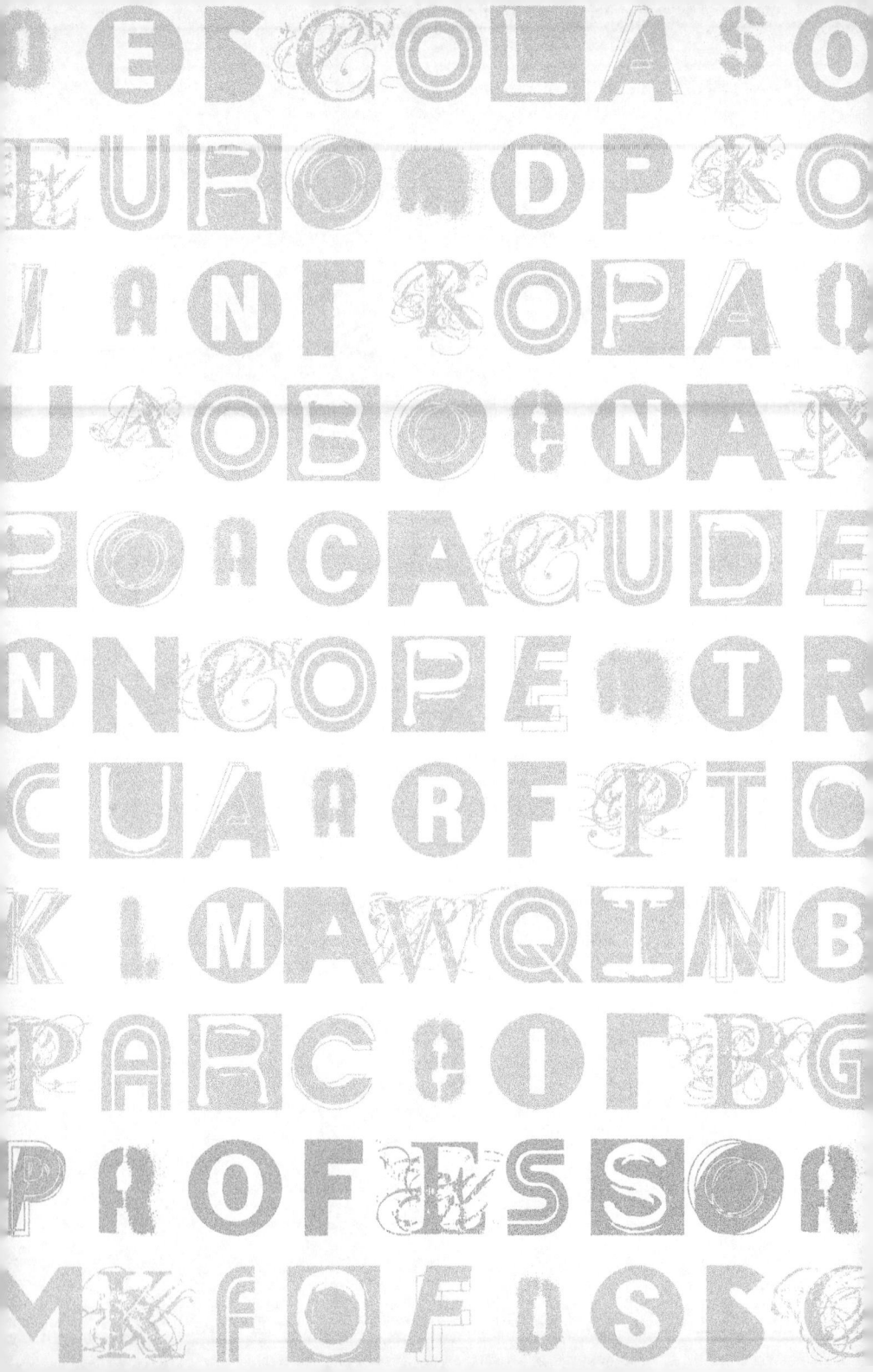

DESCOLA SO
EURO DP O
I AN T OPA
U A OB O C NA
O A CA UDE
N COPE T R
CUA R F PTO
K L M A W QIM B
PARC O I G
PROFESSOR
M F O F D S

BIBLIOGRAFIA COMENTADA

AGUIAR, M. A.; FERREIRA, N. S. C. (Org.). Para onde vão a orientação e a supervisão educacional? 2. ed. Campinas: Papirus, 2002.

> Coletânea de textos que têm por norte a discussão a respeito do trabalho do pedagogo. Vários autores tratam sobre seu papel na gestão, no trabalho escolar e na formação de professores diante dos problemas da atualidade. No todo, os textos têm como tema central a ideia de que a educação é um processo voltado para a formação humana.

DUARTE, N. Vygotsky e o "aprender a aprender": crítica às apropriações neoliberais e pós-modernas da teoria vygotskyana. Campinas: Autores Associados, 2001.

> Nesse livro, o autor, na perspectiva da pedagogia histórico-crítica, se opõe às apropriações indevidas da obra do psicólogo russo marxista Vygotsky. Busca demonstrar como a obra vygotskyana

tem suas raízes epistemológicas na teoria do materialismo histórico e como a mesma contribui para o fortalecimento de uma teoria educacional comprometida com a crítica ao capitalismo e a busca da transformação social.

PARO, V. H. Administração escolar: introdução crítica. São Paulo: Cortez: Autores Associados, 1990.

Obra que pode ser considerada clássica na área da gestão escolar. Numa abordagem crítica, o livro apresenta a necessidade da organização intencional do trabalho pedagógico em relação aos fins propostos pela escola.

PIMENTA, S. G. O pedagogo na escola pública. São Paulo: Loyola, 1995.

A autora apresenta a origem da habilitação da orientação educacional na formação do pedagogo. Discute, de forma crítica e contextualizada, a respeito da atuação desse profissional na perspectiva de uma escola comprometida com a transformação social.

SAVIANI, D. Escola e democracia. Campinas: Autores Associados, 1992.

Nesse livro o autor trata sobre as correntes pedagógicas na história da educação brasileira. Apresenta de forma crítica as origens e o desenvolvimento da pedagogia tradicional e da escola nova, bem como aponta para uma pedagogia comprometida com os interesses da maioria da população, que em suas próximas obras será chamada de *pedagogia histórico-crítica*.

SILVA, N. S. F. Supervisão educacional: uma reflexão crítica. Petrópolis: Cortez, 1987.

Nesse livro a autora recupera a trajetória histórica da supervisão escolar. Trata das origens dessa habilitação na formação do pedagogo e relaciona-a com o próprio desenvolvimento da sociedade capitalista e a função da gerência na fábrica.

VASCONCELLOS, C. S. Coordenação do trabalho pedagógico: do projeto político-pedagógico ao cotidiano da sala de aula. São Paulo: Liberdade, 2007.

Trata sobre a coordenação do trabalho pedagógico, apresentando como núcleo central dessa discussão o trabalho com o conhecimento, que é a especificidade da escola. O livro aborda temas importantes, como o projeto político-pedagógico, o trabalho coletivo, o planejamento, as reuniões pedagógicas, a relação professor-aluno, o currículo e a gestão escolar. Apresenta proposições a respeito da atuação do pedagogo na escola colaborando no sentido de indicar caminhos para uma gestão democrática.

VÁZQUEZ, A. S. Filosofia da práxis. Rio de Janeiro: Paz e Terra, 1968.

Obra na área da filosofia que aborda o conceito de práxis numa perspectiva marxista, como a indissociabilidade entre teoria e prática. O autor apresenta as diferentes formas de práxis (revolucionária, reiterativa, política) e discute o papel específico da teoria e da prática na sua constituição.

VEIGA, I. P. A. (Org.). Projeto político-pedagógico da escola: uma construção possível. Campinas: Papirus, 1998.

Vários autores trazem ao debate educacional a centralidade do projeto político-pedagógico na organização do trabalho escolar. A discussão realizada pelo conjunto dos textos aponta para a construção da autonomia da escola e a necessidade da participação de todos os envolvidos com o processo ensino--aprendizagem na constituição de uma gestão democrática.

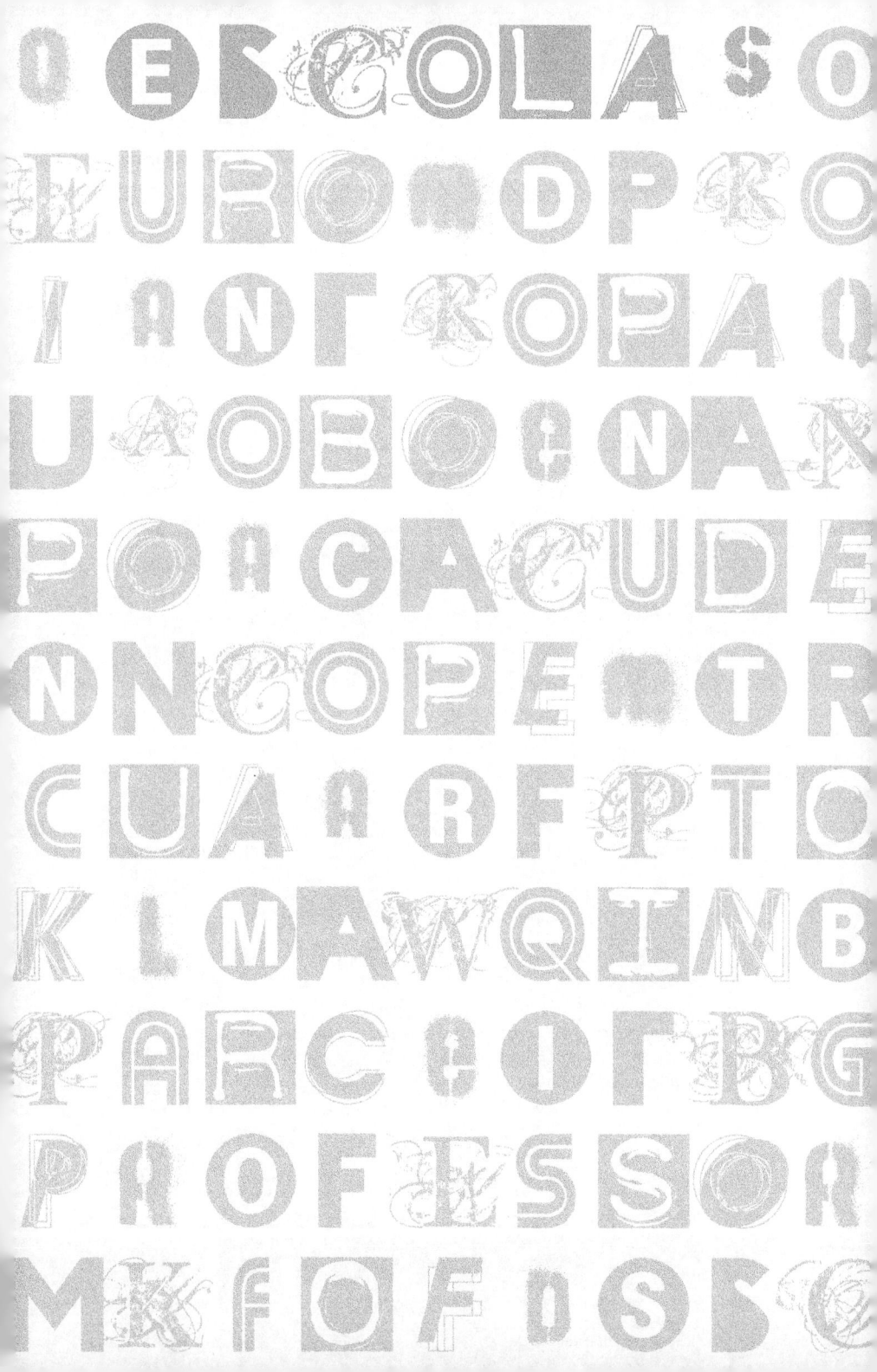

ESCOLA
EUROPA
TROPA
BOINA
POA CACUDE
COPE
CUARF PTO
MAW QI
PARC I G
PROFESSOR
FOF DS

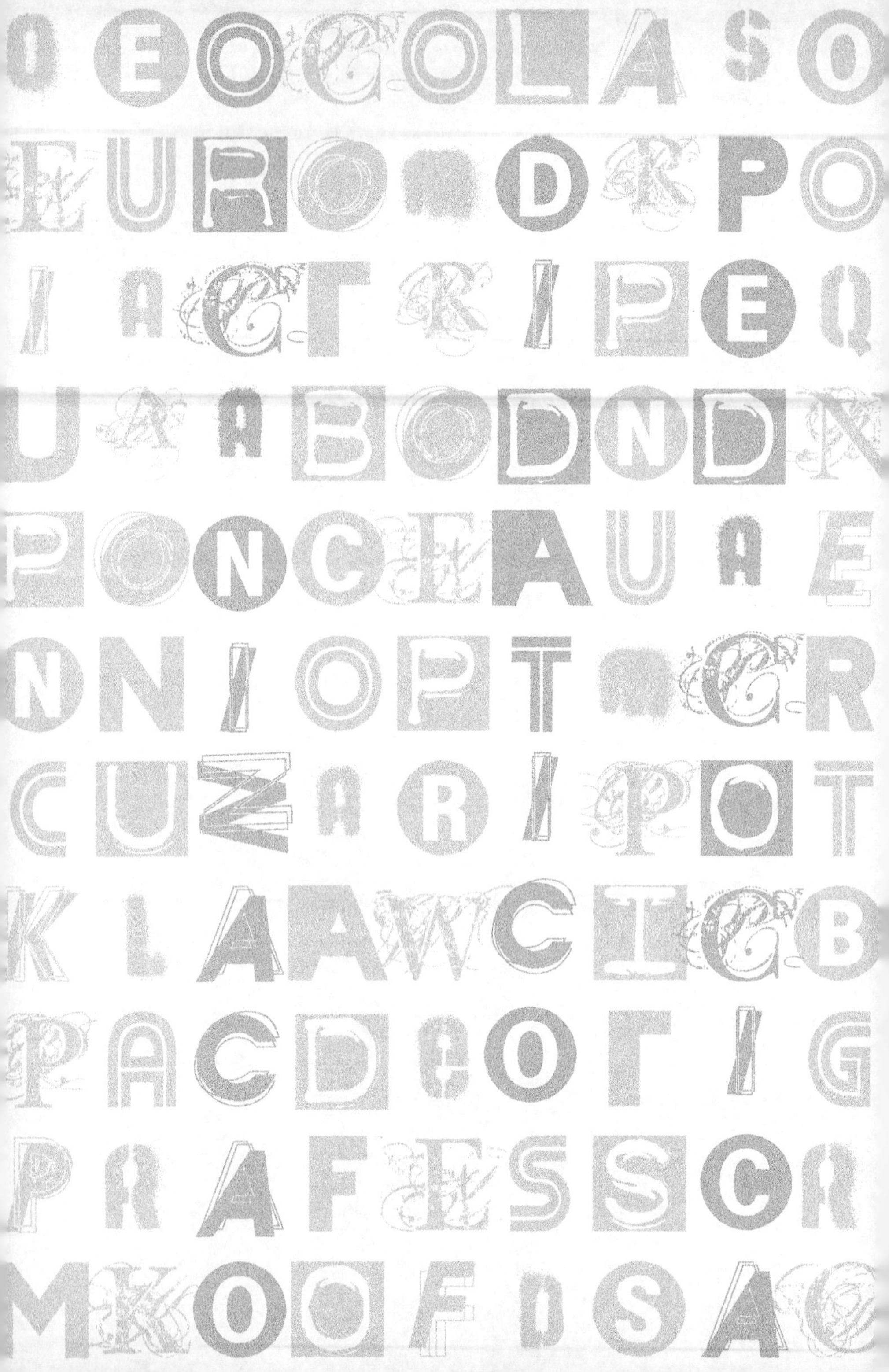

RESPOSTAS

Capítulo 1

Atividades de autoavaliação

1. d
2. a
3. b
4. b
5. a

Atividades de aprendizagem

Questões para reflexão

1. Leitura do texto indicado.

2. Destaque de aspectos relacionados aos conhecimentos docentes: saberes pedagógicos, atitudinais, específicos, didáticos, curriculares, entre outros.

Capítulo 2

Atividades de autoavaliação

1. d

2. b

3. b

4. b

5. b

Atividades de aprendizagem

Questões para reflexão

1. Pesquisa no *site* indicado sobre as tendências pedagógicas.

2. Indicar aspectos relacionados à forma como as tendências pedagógicas citadas no capítulo estão presentes ainda hoje em sala de aula: na relação professor-aluno, nas metodologias de ensino, na forma de avaliar a aprendizagem, entre outros aspectos.

Capítulo 3

Atividades de autoavaliação

1. b

2. b

3. c

4. d

5. b

Atividades de aprendizagem

Questões para reflexão

1. Tomar conhecimento das Diretrizes Curriculares Nacionais para o curso de Pedagogia.

2. Com base no documento legal das Diretrizes Curriculares Nacionais do curso de Pedagogia, apontar conhecimentos necessários ao profissional pedagogo, indicando aspectos teóricos e metodológicos envolvidos na relação professor-aluno-aprendizagem: teorias do conhecimento pedagógico, fundamentos psicológicos da educação, recursos didáticos, avaliação da aprendizagem, entre outros.

Capítulo 4

Atividades de autoavaliação

1. c

2. b

3. c

4. d

5. c

Atividades de aprendizagem

Questões para reflexão

1. Realizar a leitura indicada.

2. Comentar sobre a importância e a necessidade da formação continuada, tomando por base as ideias discutidas no capítulo, como: a necessidade de o professor estar constantemente estudando, pois os conhecimentos em nossa sociedade estão em constante transformação; importância de uma formação sólida e de qualidade em termos teóricos e metodológicos.

Capítulo 5

Atividades de autoavaliação

1. c

2. a

3. a

4. b

5. c

Atividades de aprendizagem

Questões para reflexão

1. Ler o texto indicado e refletir sobre os aspectos mencionados no capítulo sobre a experiência profissional e a formação docente.

2. Elaborar uma pequena reflexão sobre como as características sócio-econômico-políticas da atualidade se refletem no cotidiano escolar e na atuação do professor, indicando, por exemplo: as precárias condições de trabalho em muitos locais do nosso país; as dificuldades de acesso aos conhecimentos, à cultura por parte da população de modo geral; as demandas do mercado de trabalho e da sociedade em geral em relação ao papel da escola na atualidade, entre outros.

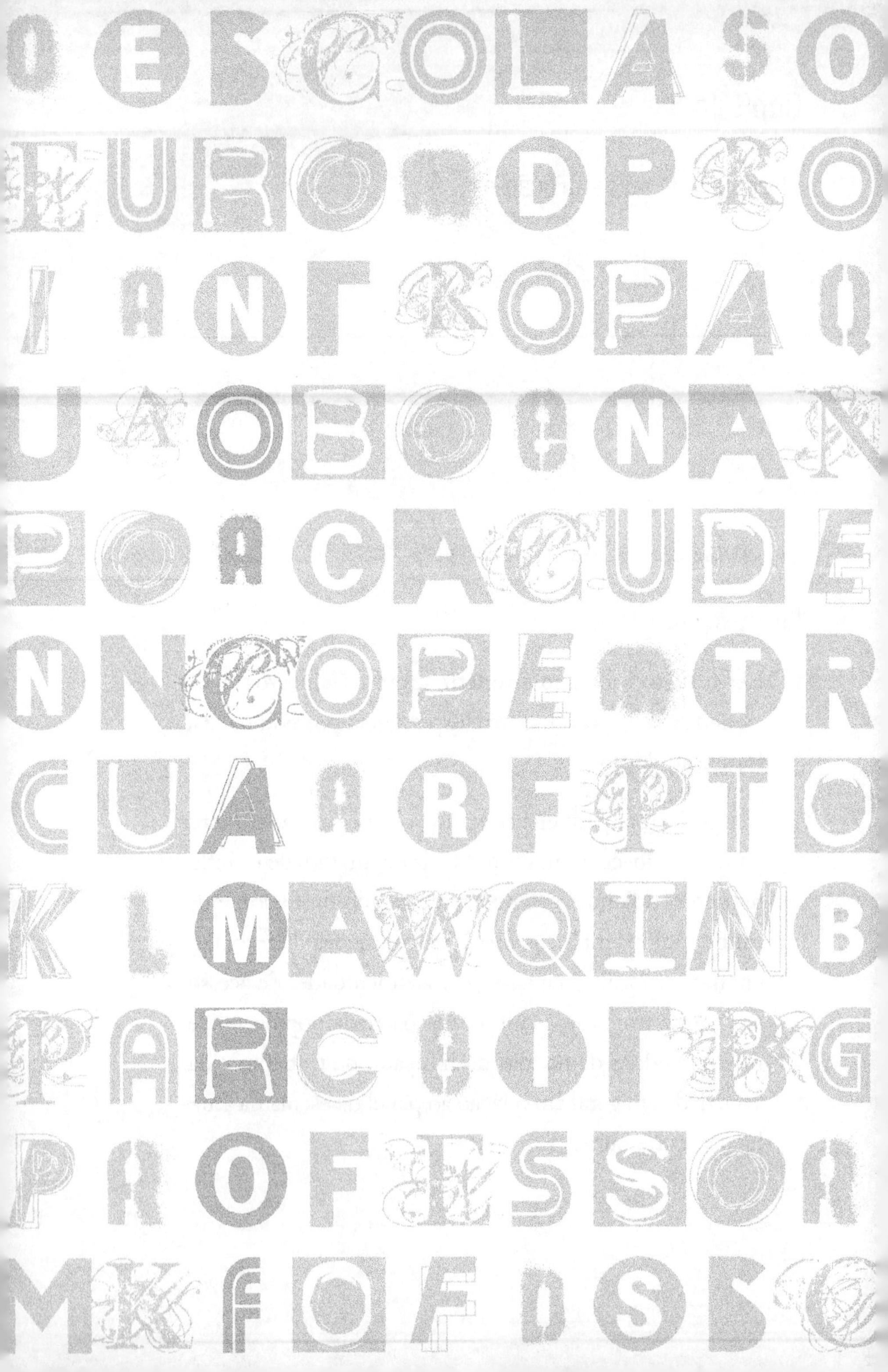

SOBRE AS AUTORAS

Claudia Mara de Almeida graduou-se em Pedagogia no ano de 1992 pela Universidade Federal do Paraná, especializou-se em Organização do Trabalho Pedagógico em 2000 e passou ao grau de mestre em Educação em 2004 pela mesma instituição. Atualmente é coordenadora do curso de Pedagogia (presencial) do Centro Universitário Uninter e trabalha na Secretaria de Educação de São José dos Pinhais-PR.

Kátia Cristina Dambiski Soares graduou-se em Pedagogia no ano de 1992 pela Universidade Federal do Paraná, especializou-se em Filosofia Política em 1996 e em Organização do Trabalho Pedagógico em 2000 pela mesma instituição. Passou ao grau de mestre em Educação no ano de 2003 e de doutora em Educação em 2008 pela Universidade Federal de Santa Catarina. Atualmente leciona no curso de Pedagogia (presencial) do Centro Universitário Uninter e é coordenadora de estágio desse mesmo curso, além de trabalhar como pedagoga da rede municipal de ensino de Araucária-PR.

Ambas são autoras do livro *Pedagogo escolar: as funções supervisora e orientadora*, publicado pela Editora InterSaberes.

ESCOLA
EUROPA
ANTIGO PAI
UA OBOE NAN
PO A CACUDE
ON COPE T
CU A R F P T O
K L M A W Q I N B
P A R C E I F B G
PR OFESSOR
MX FO F D S

Os papéis utilizados neste livro, certificados por instituições ambientais competentes, são recicláveis, provenientes de fontes renováveis e, portanto, um meio responsável e natural de informação e conhecimento.

FSC
www.fsc.org
MISTO
Papel produzido a partir de fontes responsáveis
FSC® C103535

Impressão: Reproset
Junho/2018